FRARI 🌟
Wenn Kirche, dann diese: Hier haben sich alle Großen verewigt, von Tizian über Canova und Bellini bis Donatello.

➤ S. 52

MURANO 🌟
Sei dabei, wenn über dem Feuer die tollsten Glasobjekte entstehen, und gib dich in einem der vielen Ateliers der Kauflust hin.
📷 *Tipp: Knipsen, wenn der Glasbläser die Backen aufplustert.*

➤ S. 61

PONTE DI RIALTO 🌟
Die Brücke aller Brücken – voll mit Andenkenbuden und trotzdem schön in ihrem Schwung über den Kanal.

➤ S. 50

CIMITERO DI SAN MICHELE 🌟
Unheimlich schön: ein zypressengesäumter Spaziergang auf Venedigs Friedhofsinsel.
📷 *Tipp: Im Frühling die aufblühenden Knospen vor verwitterten Grabsteinen ablichten – ein toller Kontrast.*

➤ S. 61

DO MORI 🌟
Pikante Häppchen und ein Glas Wein: Das ist genussvolles venezianisches Alltagsleben – z. B. in Venedigs ältester Stehbar.

➤ S. 68

INHALT

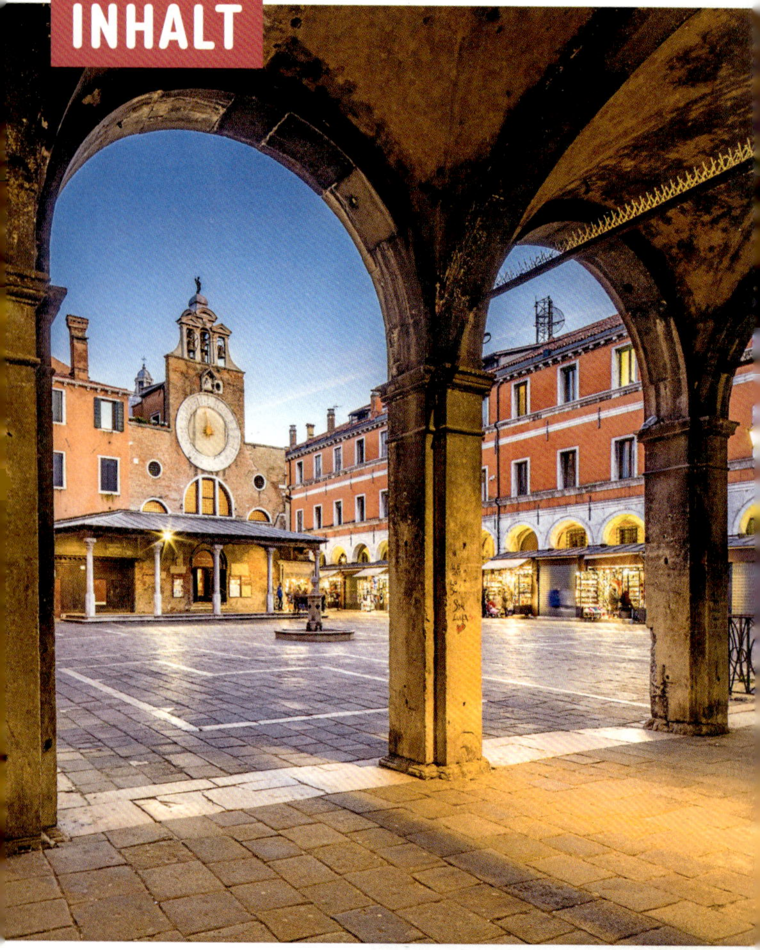

⏱ Besuch planen

€–€€€ Preiskategorien

(*) Kostenpflichtige
Telefonnummer

☂ Bei Regen

🐷 Low-Budget

👹 Mit Kindern

🚩 Typisch

(🗺 A2) Herausnehmbare Faltkarte
(0) Außerhalb des Faltkartenausschnitts

DAS BESTE ZUERST

Das Wasser nagt an Putz und Fundamenten: Seitenkanal am Campo Manin

BEST OF

BEI REGEN

SCHÖN, AUCH WENN ES REGNET

DEN DOGENPALAST ERKUNDEN

120 Dogen haben von dem gigantischen Gebäudekomplex aus fast 1000 Jahre lang die Geschicke der Seerepublik gelenkt. Entsprechend überschwänglich sind seine Säle ausgestattet (Foto).
➤ S. 39

MASKEN ZUM SELBERMACHEN

Sie sind *das* Markenzeichen des venezianischen Karnevals: die phantasievollen Masken. Bei *Ca' Macana* kannst du die Kunstwerke nicht nur kaufen, sondern bei ein- und mehrstündigen Kreativkursen auch selber machen.
➤ S. 84

DAS MARITIME ERBE

Eine bunte Sammlung historischer Wasserfahrzeuge beschwört im *Padiglione delle Navi* beim Ponte dell'Arsenale über den Rio della Tana die glorreichen Zeiten zur See wieder herauf. Eine spannende Ausstellung, auch für Kids!
➤ S. 46

WO DIE KUGEL ROLLT

Im gediegenen Ambiente des letzten Wohnsitzes von Richard Wagner kann man ganze Regentage bei Roulette, Black Jack oder Poker verbringen. Das *Kasino* liegt in einem prächtigen Renaissancepalast.
➤ S. 93

CELEBRITIES-SPOTTING

Besser als Fernsehen, denn hier siehst du die Hollywoodstars mit etwas Glück live: einfach *in einer Bar der einschlägigen Luxushotels* einen Cocktail bestellen und warten, wer vorbeikommt – z.B. im The Gritti Palace, im Hotel Danieli oder im Hotel Bauer Palazzo.

KUNST DES 20. JAHRHUNDERTS

In einer Stadt, die auf 500 Jahre Malerei zurückblickt, ist moderne Kunst eine willkommene Abwechslung. In der *Collezione Peggy Guggenheim* hängen Werke der Künstlergrößen des 20. Jhs.
➤ S. 57

BEST OF

LOW-BUDGET

FÜR DEN KLEINEN GELDBEUTEL

EIN DRINK VOR TRAUMKULISSEN

Statt ein Abendessen zum Horrorpreis bestell einen Spritz oder einen anderen Aperitif, um das tolle Flair auf den Terrassen der Restaurants direkt am Wasser zu genießen – z. B. im *Linea d'Ombra* (Foto). Komm vor 18.30 Uhr und sag, dass du nur was trinken willst.
➤ S. 73

DIE MELANCHOLISCH-MORBIDE SEITE DER STADT

Promifriedhof der Vergangenheit: Auf *San Michele* (Foto) liegen Dichter und Denker, Künstler und Industrielle begraben. Melancholie pur – und ganz umsonst. Aber dann schnell zurück ins pralle Leben!
➤ S. 61

PARTY UNTER FREIEM HIMMEL

Bei einem Gläschen mit Einheimischen schwatzen: In der warmen Jahreszeit mutieren manche Plätze zu regelrechten Open-Air-Partysalons – ohne Verzehrzwang oder Eintritt. Bevorzugte Intreffs sind z. B. die Campi *Santa Margherita* und *San Bartolomeo*.
➤ S. 93

SPACHTELN WIE EIN HANDWERKER

Es gibt sie noch, die kleinen, urgemütlichen und günstigen Trattorien. Meistens haben sie nur wenige Gerichte, aber die sind richtig hausgemacht. Profitipp: Geh einfach zur Mittagszeit den Maurern und Handwerkern hinterher, denn wo die einkehren, sind die Portionen groß und die Preise klein.

DURCH DIE LAGUNE BRAUSEN

Exkursionen in die Lagune per Mietboot sind eine tolle Sache, haben aber ihren Preis. Mit der *Vaporettolinie 14* schipperst du zum ÖPNV-Tarif von San Zaccaria am Markusplatz bis zur Endstation Punta Sabbioni – bei klarem Wetter mit schönster Sicht auf die Inseln Lido und Sant'Erasmo.

BEST OF

MIT KINDERN

SPANNENDES FÜR GROSS & KLEIN

BADEFREUDEN AM LIDO
Na klar, Sandburgen bauen und in der Adria schwimmen ist im Sommer das, was Kinder lieben. Aber auch sonst ist ein Tagesausflug zum Lido eine willkommene Abwechslung. Einen Spielplatz gibts neben dem Planetarium am Lungomare D'Annunzio und zwei Radverleiher bei der Vaporettostation.

AUF LÖWENJAGD
Der Löwe ist das Wappentier von Venedig und in der ganzen Stadt in Stein gemeißelt: auf Eingangstüren, Hausfassaden und Säulen. Wer findet die meisten Löwen? Mach eine Stadtsafari durch die Gassen der Altstadt!

KREATIV IM MUSEUM
Um auch Familien ins Museum zu locken, bieten viele kindgerechte Führungen oder Workshops speziell für Kinder an (Infos dazu auf der Website), so z. B. das *Museo Querini Stampalia.*
➤ S. 43

ABENTEUER LAGUNE
Beschränk dich nicht auf die per Vaporetto erreichbaren Inseln. Es gibt noch so viel mehr in der Lagune, was gerade Kinder fasziniert: alte Festungsanlagen mit Türmen und Zinnen, Salzwiesen und Schilf, wo sich verschiedene Vogelarten tummeln. Entdeck auf einem geführten oder selbst organisierten Ausflug per Mietboot die wenig bekannten Eilande in der Lagune!

FRAG DICH DURCH DIE STADT
Wie schafften es die Venezianer, auf Sand und Schlamm so wunderschöne Paläste zu bauen? Wie lange brauchten sie für eine Gondel? Wenn dich deine Kinder mit solchen Fragen löchern: Mach mit ihnen eine Führung speziell für Kids, etwa zum Thema Schiffbau. Fast alle Stadtführerinnen und -führer haben *kindgerechte Themenführungen* im Programm, beispielsweise Susanne Kunz-Saponaro *(stadtfuehrungen-venedig.de).*

BEST OF ⚑

TYPISCH

DAS ERLEBST DU NUR HIER

ÜBER DIE KANÄLE GONDELN

Kitschig, aber sooooo schön! Statt über all die Touris die Nase zu rümpfen, die sich auf *Gondeln* gegenseitig fotografieren: Probier es selber aus! Wenn du einmal lautlos durch stille Kanäle geglitten bist, weißt du um den Zauber.

➤ S. 124

MEERESFRÜCHTE AN DER QUELLE

Unter freiem Himmel Spezialitäten schlemmen: Nirgends sind Fisch und *frutti di mare* so frisch wie an der Uferzone am Canal Grande zwischen Fischmarkt und dem Mercato di Rialto.

PARTY NONSTOP

Die Venezianer lieben Feste und wenn du nicht gerade zum Karneval kommst, dann feier bei vielen kleinen *Volksfeste* mit. Besonders ursprünglich sind etwa das *Spargelfest* in Cavallino, das *Fischerfest von Malamocco* und das *Weinfest auf Sant'Erasmo*.

EINFACH SPITZE, DIESE INSEL!

Schon mal was von Spitzenklöpplern gehört? Das war früher ein angesehener Beruf. Und venezianische Spitze der Hit auf dem Weltmarkt. Im Inselmuseum auf *Burano* wird das alles genau erklärt (Foto).

➤ S. 61

LANGE PROMENADE AM WASSER

Ein Spaziergang über den 1,2 km langen Kai *Zattere* mit Blick über den Giudeccakanal weitet das Herz. Hier erlebst du Venedig-Feeling pur!

➤ S. 54

TIZIAN, TINTORETTO & CO.

Von den großen Renaissancemeistern bis zu Genre- und Landschaftsbildern aus Barock und Rokoko: Nirgendwo bekommst du die Quintessenz der venezianischen Malerei in solcher Dichte zu sehen wie in der *Galleria dell'Accademia*.

➤ S. 55

SO TICKT VENEDIG

Nicht nur Gondeln und Kreuzfahrtschiffe: Auch das Gemüse kommt per Boot

ENTDECKE VENEDIG

Nicht nur zum Karneval präsentiert sich Venedig in Feierlaune: Festa del Redentore

Ein Glas Wein mit Blick auf den Canal Grande, aus dem Kanal gluckst das Wasser, schwarze Gondeln ziehen an protzigen Palästen vorbei: Ja, das ist Venedig. Aber nicht nur. Und immer wenn du denkst, du hast endlich das wahre Venedig gesehen, flutscht dir das Bild schon wieder weg. Deshalb: Cool bleiben! Du musst diese Stadt nicht gleich am ersten Tag verstehen.

LEBENDIGE VERGANGENHEIT

Je länger du in Venedig unterwegs bist, desto mehr Bilder sammelst du. Da ist das Postkartenvenedig, starr und unbelebt, mit steinernen Brücken und Palästen. Das Disneylandvenedig, kitschig und voller billigem Souvenirschrott. Dann das Traumbild, das aus dem schmutzigen Wasser des Canal Grande aufsteigt, wenn man in der Gondel vorbeischwebt, hingerissen von den Wahnsinnsfassaden der wasserumspülten Palazzi: prächtig und morbide zugleich. Kostbare

421
Vor den Hunnen auf die Inseln der Lagune geflohene Festlandbewohner gründen Venedig

1094
Die Basilika des hl. Markus wird eingeweiht

1562
Der Doge Girolamo Priuli verpasst den Gondeln ihren schwarzen Einheitslook. Er hat genug von der Prunksucht der Reichen

1647
Das erste Kaffeehaus der westlichen Hemisphäre eröffnet am Markusplatz

1846
Venedig wird mit dem Festland verbunden. Die 3,2 km

Fresken und bröckelnder Putz. Zeugnisse vergangener Macht. Das innere Auge sieht den Dogen mit seiner Dienerschar, die raschelnden Garderoben aufgedonnerter Rokokodamen und Giacomo Casanova persönlich auf einer Terrasse herumschäkern.

SCHWIERIGER ALLTAG

Und dann gibt es auch noch den Alltag, in Gestalt eines fluchenden Arbeiters, der Handmixer und Mikrowellen von einem Frachtkahn auf seine Lastkarre wuchtet, um eines der wenigen Haushaltswarengeschäfte zu beliefern. Kinderlachen auf einem Schulhof, Hunde, die über den Strand des Lido tollen, ältere Da-

INSIDER-TIPP
Rushhour auf dem Canal Grande

men beim Einkaufen auf dem Markt an der Rialtobrücke. Raff dich einmal morgens um 6.30 Uhr auf und schau dir an, was um die Zeit schon auf dem Canal Grande los ist! Langweilig wird es hier also nie. Sich treiben lassen, sich im Gassengewirr verlaufen, das macht richtig Spaß. Überall gibt es etwas zu entdecken. Und nicht nur Kunstschätze! Sicher, davon hat Venedig reichlich, aber Venedig ist kein Freilichtmuseum, sondern eine lebendige Stadt, in der gearbeitet und gefeiert wird, geliebt und gestritten.

IMMER WENIGER GESCHÄFTE …

Wie anstrengend das alltägliche Leben ist, wie viel Unbequemlichkeiten die Einwohner auf sich nehmen, wird leicht vergessen. Sich jeden Morgen und Abend mit einem Haufen Tagestouristen in ein Vaporetto quetschen müssen, um zur Arbeit zu fahren, oder sich mit dem Kinderwagen brückauf, brückab durch den

lange Eisenbahnbrücke nach Mestre ist damals die längste der Welt

2003
Die Bauarbeiten am Sturmflutsperrwerk MOSE beginnen

2014
Bürgermeister Giorgio Orsoni und 34 Politiker und Bauunternehmer werden wegen Geldwäsche, Veruntreuung und Erpressung im Zusammenhang mit dem MOSE-Projekt verhaftet

2019
Der jahrelang diskutierte Eintritt für Tagestouristen tritt in Kraft. Venedig erlebt seine schlimmste Hochwasserkatastrophe seit 1966: Der Pegel steigt auf 187 cm über dem Meeresspiegel

Strom der Besucher zum einzigen noch verbliebenen Bäcker im Viertel durch-kämpfen: Das ist nicht gerade Dolce Vita. Und Bäcker gibt es immer weniger. Genauso wie Metzger oder sonstige Einzelhändler, die die Grundversorgung abdecken. Mit Souvenirartikeln verdient man viel mehr als mit Joghurts und Tomatenkonserven, deshalb ist die Zahl normaler Geschäfte in den vergangenen 30 Jahren um mehr als die Hälfte gesunken.

... FÜR IMMER WENIGER ECHTE VENEZIANER

Den Großeinkauf für die Familie machen die Venezianer inzwischen am Wo-chenende in den riesigen Supermärkten auf dem Festland. Wenn sie denn über-haupt Familie haben: Venedig vergreist, Kinder sind Mangelware. Italien hat eine der niedrigsten Geburtenraten weltweit – und Venedig erst recht. Inzwi-schen sind fast fünfmal mehr Venezianer über 60 als unter 20 Jahre alt. Warum? Die Kosten für Lebensmittel und Konsumgüter aller Art sind in Venedig höher als anderswo, der Alltag ist beschwerlicher und die kommunalen Steuern sind auch nicht ohne. Junge Familien wandern aber vor allem ab, weil die Preise für Im-mobilien im Zuge des Massentourismus saftig angezogen haben. Wohlhaben-de Ausländer kaufen sich eine Wohnung in Venedig, egal was sie kostet, und lassen den Einheimischen keine Chance auf bezahlbares Wohnen.

In den 1950er-Jahren hatte Venedig 175 000 Einwohner, heute sind es nur noch 55 000 und jedes Jahr ziehen ein paar Hundert weg. Meistens nur ein paar Kilo-meter weit auf die *terraferma*, wo alles einfacher und moderner ist. Jahrhun-dertelang war dieses fruchtbare Land Herrschaftsgebiet der venezianischen See-republik; seine größte Ausdehnung auf dem Festland erreichte Venedig Mitte des 15. Jhs., nachdem es sich Städte wie Treviso, Padua, Vicenza, Verona einver-leibt hatte. Doch dann eroberten die Osmanen Konstantinopel und lieferten sich mit den Venezianern ab dem 16. Jh. einen erbitterten Krieg um die Handels-stützpunkte im Mittelmeer. Der Anfang vom Ende der mächtigen Serenissima.

STUDENTENFLAIR

Heute ist Venedig auch Wissenschafts- und Forschungszentrum. Und natürlich Universitätssitz – gerade das Lehrfach Architektur zieht Studierende aus aller Welt an, die Kreativität und Esprit mitbringen. So hat sich vor allem in den Stadt-vierteln Dorsoduro und Cannaregio eine quirlige Lokal- und Kleinkunstszene entwickeln können, die die wenigsten Besucher kennen. Dank der Uni gibt es Studentenkneipen mit zivilen Preisen und Lounges und Clubs zum Chillen und Tanzen – neben altehrwürdigen Kaffeehäusern, sündhaft teuren Nobelrestau-rants und urigen Trattorien.

AUF SUMPF GEBAUT

Diese Stadt auf dem Wasser ist ein Wunder der Menschheit. Wer kam bloß auf die verrückte Idee, mitten in den Sumpf eine Stadt zu bauen? Venedig ist aus der

Berühmtestes, ältestes und vermutlich auch teuerstes Café der Stadt: Florian am Markusplatz

Not geboren, ihre Gründung war eine Verzweiflungstat: Wohin sollten sich die Menschen denn sonst flüchten vor den Hunnen und Langobarden, die ab 500 wie Heuschrecken über das fruchtbare Festland herfielen, raubten und brandschatzten? In die Sümpfe flüchteten sie, in malariaverseuchtes Niemandsland, das mit den Jahrhunderten zu einem 7,5 km² großen, künstlich angelegten Stadtgebiet wurde. Millionen von Holzpfählen waren nötig, mehr als 400 Brücken. Seit dem Mittelalter ist Venedig in sechs Stadtteile gegliedert, die *sestieri*.

SECHS STADTVIERTEL

Am bekanntesten ist San Marco mit dem grandiosen Markusplatz. Am wenigsten touristisch sind Castello, das ehemalige Arbeiterviertel, und Santa Croce. San Polo ist der flächenmäßig kleinste Bezirk, hat aber den zweitgrößten Platz, den Campo San Polo. Zu Dorsoduro und San Marco gehören auch die beiden Inseln Giudecca und San Giorgio Maggiore. In Cannaregio liegt das ehemalige jüdische Ghetto. Vom venezianischen Dogen vor 500 Jahren als weltweit erstes verordnet, fand es leider viele Nachahmer.

Überhaupt hat Venedig so einige Standards gesetzt, im Guten wie im Schlechten. Als freie Seerepublik betrieb die Stadt Handel mit für damalige Verhältnisse unvorstellbar weit entfernten Gegenden und war ein Schmelztiegel der Kulturen. Dementsprechend gebildet und weltoffen war die damalige Oberschicht. Und reich. Unglaublich reich! Gewürze, Kaffee, Kakao kamen über Venedig nach Europa. Klar, dass auch das allererste Kaffeehaus der westlichen Hemisphäre in Venedig eröffnet wurde. 1647 war das, unter den Arkaden des Markusplatzes.

GOLDENE ZEITEN UND AKTUELLER STILLSTAND

Seit jenen Zeiten sind die Venezianer Meister des *arrangiarsi,* der Fähigkeit, sich mit den Umständen zu arrangieren. Sie haben den Handel im Blut – und einen ausgeprägten Sinn fürs Geschäft. Das war schon so, als sie 1204 unter Führung des 97-jährigen, vollkommen blinden Dogen Enrico Dandolo den vierten Kreuzzug kurzerhand nach Konstantinopel umlenkten und dort die Schätze ihrer christlichen Glaubensbrüder plünderten. Und erst recht galt das in den folgenden Jahrhunderten, als die Dogen knallhart die Interessen der Republik nach innen und außen vertraten und Venedig als dominierende Handelsmacht im östlichen Mittelmeer Geld ohne Ende scheffelte. Kommunikativ geschickt, aber auch ziemlich unverfroren und hochnäsig ging Venedig mit seinen konkurrierenden italienischen Nachbarn um; vor allem das Herzogtum Mailand war ein lästiger Widersacher, mit dem sich Venedig jahrhundertelang beharkte.

In den letzten Jahrzehnten hat sich das Blatt gewendet. Formal ist Venedig immer noch Hauptstadt der Region Venetien, aber der Puls des Veneto schlägt inzwischen in den Boomstädten des Festlands. Hier wurden Konzerne von internationalem Format geboren, etwa die Klamottenriesen Benetton, Diesel und Stefanel, aber auch der Energiekonzern ENI in Venedigs Vorstadt Marghera. Pläne, dieses Ballungsgebiet mit rund 2,5 Mio. Ew. und mehr als 1 Mio. Arbeitnehmern zu einer dynamischen Metropolis zu vereinen und bei Chioggia einen modernen, für das ganze Mittelmeer bedeutenden Großhafen zu schaffen, gibt es seit Längerem. Aber wie das in Italien oft so ist: Es wird geredet, diskutiert, gestritten – und dann erst mal alles auf Eis gelegt.

HOCHWASSER UND TOURISTENSCHWEMME

Ziemlich peinlich ist auch die Geschichte von MOSE (Modulo Sperimentale Elettromeccanico), der geplanten Schutzschleuse gegen das Hochwasser. Angeblich ein Jahrhundertbauwerk, vor allem aber eine Gelddruckmaschine für korrupte Manager und Politiker. Mehr als eine Milliarde Euro wurden insgesamt veruntreut, der Chef der venezianischen Wasserbehörde landete genauso im Knast wie der damalige Bürgermeister. Statt sich um die Lagune zu kümmern, hatten die Herren ihre Bankkonten im Auge. *Una vergogna,* eine Schande, nennen das die Venezianer, die mit der kolossalen Hochwasserschutzanlage nie so richtig warm wurden. Ein so radikaler Eingriff in die Natur ist vielen einfach nicht geheuer und Gummistiefel sind dann doch die einfachere Lösung.

An die 30 Mio. Touristen kommen jedes Jahr nach Venedig und es werden immer noch mehr. Dem fragilen Ökosystem der Lagune tut das nicht gut – aber wie mit dieser Herausforderung umgehen? Einen Numerus clausus einführen? Eintritt nehmen? Frag mal die Venezianer dazu und du hörst so viele verschiedene Meinungen, dass du selbst nicht mehr weißt, wie und was. Eins steht jedenfalls fest: Venedig ist nicht tot, Venedig ist sehr lebendig. Stürz dich rein ins venezianische Chaos!

AUF EINEN BLICK

400
Anzahl der Gondolieri

435
Anzahl der Brücken

Berlin: 969

180 000
Einwohner im gesamten
Stadtgebiet inkl. Mestre

Altstadt: 56 000
Inseln: 29 000

30 Mio.
Touristen pro Jahr

Tagestouristen: 12 Mio.

FLÄCHE DER ALTSTADT
6,2 km²

Großer Müggelsee
in Berlin: 7,4 km²

REGENTAGE PRO JAHR

85

AUSGABEN DER BESUCHER PRO TAG UND KOPF

40 Euro

RATTEN PRO EINWOHNER

mehr als eine …

KARNEVAL

Anzahl der jährlichen Karnevalstage: 14
(Köln: 6)

EIN VIERTEL

Anteil der an Touristen vermieteten Privatwohnungen

hunderten kaum noch eine einigermaßen fähige Persönlichkeit zur Übernahme des einst so angesehenen Amts bereit war.

DIE (OHN)MACHT DER DOGEN

Ob die Männer wirklich zu beneiden waren? Da bekleideten sie als Dogen das höchste Amt, das der mächtigste Stadtstaat auf Erden zu vergeben hatte. Und dann durften sie die Republik nicht ohne Genehmigung verlassen. Durften weder ihre Berater selbst auswählen noch unter vier Augen Gesandte empfangen. Geschenke anzunehmen war ihnen ebenso verboten wie ins Café oder Theater zu gehen oder gar unaufgefordert abzudanken. Selbst ihrer Ehefrau konnten sie keinen Brief schreiben, ohne dass ihn der Zensor las. Und ab dem 11. Jh. verfügten sie nicht einmal mehr über wirkliche Macht. Seit 697 hatten sie als mittelalterliche Souveräne selbstherrlich und eigenverantwortlich regiert. Hatten mit Kaiser und Papst verhandelt, Fragen von Krieg und Frieden selbst entschieden und sogar ihre Nachfolger auf eigene Faust bestimmt. Doch im Jahr 1032 war ein Doge der Machtgier erlegen und hatte versucht, die Erblichkeit des Amts durchzusetzen. Prompt wurde er mitsamt seinem Sohn ermordet. Und seinen Nachfolgern wurden ihre Befugnisse radikal beschnitten. Zu ausführenden Beamten degradiert, wurden sie vom berüchtigten Rat der Zehn, einer Art mittelalterlichem Staatssicherheitsdienst, überwacht. Das führte schließlich dazu, dass in späteren Jahr-

DIALETTO VENEXIANO

Die Venezianer sprechen untereinander voll Selbstbewusstsein ihren uralten Dialekt. Der erinnert teilweise an das Spanische und folgt eigenen Regeln nicht nur in der Aussprache, sondern auch in Rechtschreibung und Grammatik. So lieben es die Lagunenbewohner, lange (Orts-)Bezeichnungen zusammenzuziehen. Hinter dem Namen San Zanipolo zum Beispiel verbirgt sich die berühmte Kirche Santi Giovanni e Paolo, hinter San Zan Degola Johannes der Enthauptete – San Giovanni Decollato. Weitere Charakteristika: Viele Konsonanten werden stimmhaft gesprochen, was beispielsweise aus dem *amico* einen spanisch anmutenden *amigo* macht. An die Stelle der italienischen *sch-* und *tsch*-Laute tritt im Venezianischen vielfach ein scharfes *s*, wodurch sich *cento* in *ßento* verwandelt. Und aus dem *z* wird gelegentlich ein *x*. Ein Paradebeispiel ist die vor vielen Trattorien auf Plakaten verheißene *cucina venexiana*.

MASKENBALL

Wenn während der letzten eineinhalb Wochen vor Beginn der Fastenzeit Zehntausende in ihren Phantasiegewändern durch die Stadt ziehen und das ganze Panoptikum der Commedia-dell'Arte-Figuren ihre Gassen und Plätze bevölkert, wirkt die Lagunenstadt wie verzaubert. Über viele Jahrhunderte ermöglichte die große Verkleidung den Venezianern, sich wenigstens für einige Zeit der strengen Kontrolle des Staats zu entziehen. Als Napoleon Venedig besetzte, ließ er aus Argwohn, hinter den Masken würde die Konspiration gedeihen, den Mummenschanz komplett verbieten. Die Wiederauferstehung erfolgte erst 1979.

Seither strömen – zur großen Freude der Hoteliers, Gastronomen und Sponsoren – alljährlich im zuvor umsatzschwachen tiefen Winter Heerscharen Vergnügungs- und Verwandlungssüchtiger aus aller Welt herbei, posieren, stelzen stolz durch die Stadt und lassen sich, so es ihre Finanzen erlauben, private Feste in Mietpalästen inszenieren. Und obwohl sich nur wenige Einheimische unter die Massen mischen und mittlerweile die Zahl der Schaulustigen die der Maskierten vermutlich um einiges übersteigt, obwohl neben den klassischen Kostümen längst manch schnöde Maskerade Marke Micky Maus, King Kong und Biene Maja auftaucht, sind sich alle Teilnehmer darin einig, dass die Freude an diesem Schau-Spiel und die einzigartige Atmosphäre die Anreise und die drastisch erhöhten Zimmerpreise immer noch lohnen.

DISNEYLAND

Die Zahl der Läden mit Souvenirartikeln oder – um mal ehrlich zu sein – billigem Schund zu überteuerten Preisen ist in den vergangenen Jah-

Vermummungsgebot: Halbmaske für den Karneval

Im Süden des Lido auf Höhe von Malamocco schaut man aufs Inselchen Poveglia

ren explodiert. Dagegen sind Bäcker, Metzger und Lebensmittelhändler aus den Gassen verschwunden und die Venezianer gezwungen, ihren wöchentlichen Großeinkauf in Supermärkten auf dem Festland zu erledigen. Junge Paare können sich die hohen Immobilienpreise nicht leisten und werden aus ihrer eigenen Stadt vergrault, schimpfen viele Venezianer. Ihre Heimatstadt soll kein Disneyland werden, keine künstliche Welt ohne echte Bewohner. Denn wenn es irgendwann keine Einheimischen mehr gibt, kommen auch keine Touristen mehr.

ALTE SÄCKE & JUNGES GEMÜSE
Der Obst- und Gemüsemarkt an der Rialtobrücke liegt zentral und voll im touristischen Herzen der Stadt – und ist doch ein sehr venezianischer Ort.

Frühmorgens fliegen hier die Dialektfetzen, wenn Signora Maria bei Vincenzo die Auberginen begutachtet und fragt, wann er denn endlich die jungen, zarten Artischocken von der Insel des hl. Erasmus im Angebot hat. Ja, das meiste Gemüse stammt tatsächlich aus der Lagune selbst und wird nicht aus der Ferne herangekarrt. Sant'Erasmo ist Venedigs Gemüsegarten, hier leben die Menschen nicht vom Tourismus, sondern von der Landwirtschaft. Das heißt: Unkraut zupfen statt Gästebetten beziehen. Fragt sich nur, wie lange noch: Die Einwohner werden immer weniger und immer älter. Vincenzo zählt sich mit Anfang Sechzig zu den jungen Hüpfern. Seine Söhne leben längst auf dem Festland. Wer in 20 Jahren die typischen lilafarbenen Artischocken anbauen wird, steht in den Sternen. Besser also, du beeilst dich, mal hinzufahren, auf die Insel des hl. Erasmus.

SCHWARZ, SCHLANK, SCHICK

Sie sind etwas über 10 m lang, knapp 1,50 m breit, wiegen an die 350 kg und bestehen aus insgesamt 280 Teilen, darunter die Rudergabel *(forcola)* aus Walnussholz und das siebenzackige, 20 kg schwere Bugeisen *(ferro)*. Im 16. Jh. verkehrten auf Venedigs Kanälen, so schätzt man, an die 10000 Gondeln. Heute tun gerade noch 400 Gondolieri ihren Dienst. Doch vom Untergang des Gondelgewerbes kann keine Rede sein. Die Kaste der Gondolieri hat dank ihrer innerfamiliären Erbfolge keinerlei Nachwuchssorgen und auch keine Finanzprobleme. Die Auftragsbücher in den *squeri,* den Gondelwerften – deren malerischste übrigens auf dem Campo San Trovaso etwa auf halber Höhe der Zattere zu besichtigen ist –, sind auf Jahre hinaus gefüllt. Für ein neu gezimmertes und im traditionellen Schwarz lackiertes Gefährt sind rund 15000 Euro zu berappen.

GENTRIFIZIERUNG ALLA VENEZIANA

Die Gewässer rund um Venedigs *centro storico* sind gespickt mit Inselchen, von denen viele auf eine ganz spezielle Nutzungsgeschichte zurückblicken. Besonders spannend ist die Vergangenheit – und Zukunft! – von Poveglia. Dieses dem Lido vorgelagerte Eiland in der südlichen Lagune, nur gut 7 ha groß, diente über die Jahrhunderte mal als Exil für entmachtete Dogen,

KLISCHEE KISTE

KARNEVALSVERRÜCKT

Ja, die Venezianer lieben ihren Karneval! Da können noch so viele Touristen toll ausstaffiert über den Markusplatz stolzieren – die wenigsten Einheimischen lassen sich das Spektakel entgehen. Wer etwas auf sich hält, lässt sich jedes Jahr ein neues Kostüm nähen – das geht ganz schön ins Geld. Die Standardausstattung, um sich unerkannt ins Vergnügen zu stürzen, eine Maske und einen schwarzen Umhang, hat aber jeder echte Venezianer im Haus.

DEM UNTERGANG GEWEIHT

Venedig versinkt im Meer – das stimmt, die Frage ist nur: wann? Forscher warnen seit Jahren, dass es infolge des steigenden Meeresspiegels immer mehr Hochwasserphasen geben wird. Und mit dem Ausbaggern der Fahrrinnen für Öltanker und die riesigen Kreuzfahrtschiffe strömt das Wasser immer schneller in die Lagune. Das Sturmflutsperrwerk MOSE ist zwar seit Langem im Bau, funktionstüchtig ist es aber nicht. Und auch der berüchtigte *moto ondoso,* der Wellenschlag der Motorboote, setzt den Fundamenten der auf Holzpfählen gebauten alten Gemäuer ganz schön zu. Venedig bröckelt also und versinkt, millimeterweise. Aber Tempolimit auf den Kanälen? Nicht mit den Venezianern!

mal, in Zeiten grassierender Seuchen, als Quarantänestation, ehe es im 20. Jh. mitsamt seiner paar desolaten Gebäude und den Wein- und Obstgärten in Dornröschenschlaf fiel. Aus dem wurde es 2014 unvermutet wach geküsst: Italiens Regierung hatte angesichts klammer Kassen beschlossen, eine Reihe hochkarätiger Immobilien zu privatisieren. Und das Filetstück sollte Poveglia sein – der letzte Flecken freier Fläche in der Lagunenstadt. Doch Rom hatte die Rechnung ohne eine Gruppe widerspenstiger Venezianer gemacht. Denen missfiel die Vorstellung, dass ein weiteres Eiland von einer kapitalkräftigen Hotelkette in ein Luxusresort verwandelt würde. Worauf sie unter dem Motto *Poveglia per tutti* (Poveglia für alle) über Facebook Mitbürger ermunterten, mit je 99 Euro gemeinsam das Nutzungsrecht für 99 Jahre zu erwerben. Erklärtes Ziel: die Insel in einen öffentlichen Park zu verwandeln, in dem Kinder spielen und man Grillfeste feiert. Tatsächlich lehnte die zuständige Behörde nach der entscheidenden Versteigerung via Internet das Pachtangebot eines privaten Investors – eine halbe Million Euro – als unzureichend ab und gab das Nutzungsrecht probehalber an den Verein. Seitdem wird die verwilderte Insel auf Vordermann gebracht und ist für die Allgemeinheit zugänglich.

ACQUA ALTA

Venedig steht das Wasser bis zum Hals. Regelmäßig flutet das Wasser der Adria den Markusplatz und weite Teile des Zentrums. Mit Gummistiefeln durchs kniehohe Wasser waten – für Touristen noch ganz lustig, für die Venezianer ein ständig wiederkehrender Albtraum. Das Problem besteht, seit Venedig besteht, hat sich in den vergangenen 50 Jahren aber verschärft. Die Gründe sind vielfältig, zum Teil aber hausgemacht: Der Mensch hat in das empfindliche Ökosystem eingegriffen, indem er Zufahrtsrinnen für die Öltanker auf dem Weg nach Marghera ausgebaggert hat und für die Bedürfnisse der Festlandindustrie munter Grundwasser abpumpt. Was also tun? 2003 startete das Mammutprojekt MOSE (Modulo Sperimentale Elettromeccanico): 78 Stahlbarrieren, an den drei Öffnungen der Lagune im Boden verankert, sollen bei Hochwassergefahr automatisch hochklappen und Venedig abdichten. Umweltschutzorganisationen sind skeptisch: Die Fluten der Adria spülen Schadstoffe aus der Lagune – ohne den Wasseraustausch würde die Lagune am Dreck zugrunde gehen.

Von italienischen Politikern als Meisterwerk italienischer Ingenieurskunst gepriesen, droht MOSE inzwischen selbst unterzugehen: im Korruptionssumpf. Mehr als 30 Unternehmer, Verwaltungsmanager und Politiker, darunter sogar der damalige Bürgermeister von Venedig Giorgio Orsoni, wurden wegen Veruntreuung verhaftet. Von den 5,5 Mrd. Euro, die das Schleusensystem kostet, ist ein Teil über Konten in San Marino ins Ausland geschleust worden. Die Venezianer sind empört. Und greifen weiter zu ihren Gummistiefeln, wenn es nötig ist. Ein paar eindrucksvolle Fotos

Für Besucher ein kostenloses Event, für Bewohner regelmäßiges Ärgernis: Acqua Alta

von „Stadt unter" in Venedig findest du u. a. auf *short.travel/ven11* und auf *short.travel/ven12*.

DER ERSTE WELTREISENDE

Keine Frage, dass in diesem Reiseführer auf ihn besonders hingewiesen wird: Immerhin gilt der 1254 in Venedig geborene und 70 Jahre später ebenda verstorbene Marco Polo bis heute als Inbegriff des von Fernweh und Wissensdurst getriebenen (Welt-) Reisenden. Der Kaufmannssohn brach als fast noch Halbwüchsiger von der Adria Richtung Asien auf, verbrachte lange Zeit in China und kehrte erst 24 Jahre später auf dem Seeweg in die Lagunenstadt zurück. In Gewahrsam der Genuesen diktierte er einem Mitgefangenen später seinen Reisebericht „Il Milione", der zum mittelalter-

lichen Bestseller avancierte und die geografischen Vorstellungen der Europäer über Asien maßgeblich prägte. Das Wohnhaus der Familie Polo stand unweit der Rialtobrücke, dort wo sich heute das Teatro Malibran erhebt.

MARKUSLÖWE

Nein, das einzige Volk waren die Venezianer nicht, das den Löwen zu seinem Wappentier machte. Doch kein zweites verpasste dem König der Tiere zwei Flügel und schob ihm ein Buch unter seine Pranken. Weshalb dieses merkwürdige Mischwesen den hl. Markus symbolisieren soll, wird unterschiedlich erklärt. Der Markuslöwe taucht überall auf: an Fassaden, Simsen und Säulenkapitellen, auf Schornsteinen, Gräbern, Blumentöpfen, Gemälden und, frei stehend, als Statue.

SIGHT SEEING

Venedig hat so viele Kirchen, Kunstschätze, einzigartige Architektur, weil die Dogen in ihrer Repräsentier- und Sammellust aus allen Teilen des Seereichs Gemälde und andere Kostbarkeiten zusammentragen ließen und natürlich nur die besten Architekten, Maler und Kunsthandwerker beschäftigten.

Starte dein Venedigabenteuer doch einfach mit einer Fahrt über den Canal Grande – es ist ein Spektakel, das am Bahnhof oder beim Piazzale Roma beginnt und dich an all den tollen Palast- und Kirchenfassaden vorbeiführt. Und nebenbei erlebst du Alltag hautnah, denn

Ob in der Gondel oder auf dem Vaporetto: Eine Fahrt über den Canal Grande ist Pflicht

der Canal Grande ist die Autobahn der Venezianer – und wie die Italiener Auto fahren, wissen wir ja.

Venedig hat sechs Bezirke, die *sestieri,* und jedes hat sein eigenes, ganz spezifisches Flair. Für alle gilt: Nicht jede Route ist planbar. Denn Venedigs Gassen sind ein Irrgarten aus Stein und du entdeckst das Beste, wenn du dich gerade mal wieder verlaufen hast. Und fühlst du dich einmal wirklich verloren, weist nach kurzem Suchen an einer Hausecke eines der rettenden gelben Schilder den Weg hinaus Richtung „Rialto", „San Marco" oder „Ferrovia" (Bahnhof).

DIE STADTVIERTEL IM ÜBERBLICK

CANAL GRANDE S. 30
Venedigs schönste „Straße" erkundest du per Schiff

SAN POLO & SANTA CROCE S. 49
Die besten Märkte, die größten Plätze – hier brummt es tags und nachts

DORSODURO S. 53
Gegenwartskunst und kreatives Pflaster – Venedigs Strukturwandel findet hier statt

Via della Libertà

Fondamenta de Cannaregio

Venezia Santa Lucia

Strada Nova

Canal Grande

Calle Dietro Ai Magazzini

📍 Frari ⭐

San Basilio Pier

Galleria dell'Accademia ⭐ 📍

Fondamente Zattere

Canale della Giudecca

Fondamente San Biagio

Sacca San Biagio

Giudecca ⭐

500 m
547 yd

MARCO POLO HIGHLIGHTS

⭐ **GIUDECCA**
Ein Spaziergang zu Palladios Kirchen Redentore und Zitelle, vorbei an luxuriösen Hotels ➤ S. 58

⭐ **BASILICA DI SAN MARCO**
Gold- und Silberpracht im Markusdom ➤ S. 37

⭐ **GALLERIA DELL'ACCADEMIA**
500 Jahre venezianische Malerei, mit Tizian als Höhepunkt ➤ S. 55

⭐ **CAMPANILE DI SAN MARCO**
Die beste Art, sich einen Überblick zu verschaffen ➤ S. 36

⭐ **CIMITERO DI SAN MICHELE**
Ein Zwischenstopp auf der Friedhofsinsel beim Besuch von Murano ➤ S. 61

Murano ⭐

CANNAREGIO S. 47

Schlendern, schlemmen und Schalom

Cimitero di San Michele ⭐

CASTELLO S. 43

Nobelhotels, Kriegsschiffe, nette Geschäfte und ein Park zum Erholen

Ponte di Rialto ⭐

Piazza San Marco ⭐

Basilica di San Marco ⭐

Palazzo Ducale ⭐

Campanile di San Marco ⭐

Via Giuseppe Garibaldi

Riva dei Sette Martiri

Secco Marina

Bacino di San Marco

Isola di San Giorgio Maggiore

Viale IV. Novembre

Viale Piave

Viale Vittorio Veneto

SAN MARCO S. 34

In der Höhle des Löwen – Venedigs Macht- und Prachtzentrum

⭐ **PIAZZA SAN MARCO**
Das Herz der Stadt mit hocheleganten Läden und Cafés ➤ S. 34

⭐ **PALAZZO DUCALE**
Wo 1000 Jahre lang das Herz der Serenissima schlug ➤ S. 39

⭐ **FRARI**
Majestätische Basilika mit Tizians Grab und Hochaltarbild ➤ S. 52

⭐ **MURANO**
Filigranes aus Glas in Ateliers und im Museum ➤ S. 61

⭐ **PONTE DI RIALTO**
Wahrzeichen einstiger Wirtschaftsmacht ➤ S. 50

Ziemlich unpraktisch ist, dass sowohl Schließtage als auch Öffnungszeiten stark variieren und sich häufig ändern. Auch die Bedingungen für ermäßigte Eintritte sind sehr unterschiedlich. Jedenfalls lohnt es sich, danach zu fragen und einen Ausweis dabeizuhaben. Die Eintrittspreise für die Museen beginnen bei 5 Euro (Museo del Merletto auf Burano, Casa Goldoni) und gehen bis zu 10 bzw. 12 Euro (Scuola Grande di San Rocco bzw. Accademia). Eine günstige Gelegenheit, alle vier Museen an der Piazza San Marco preiswert zu erkunden, bietet der Pass *I Musei di Piazza San Marco* für 20 Euro. Der *Museum Pass* für 24 Euro schließt zusätzlich alle städtischen Museen mit Ausnahme des Uhrturms und des Palazzo Fortuny ein – online erhältlich auf *veneziaunica.it.*

Die *MUVE Friend Card Blu (visitmuve. it)* für 45 Euro bietet freien Eintritt in die Museen am Markusplatz sowie fast alle städtischen Museen. Die *MUVE Friend Card Rosso* für alle unter 27 Jahren bietet dieselben Konditionen für 25 Euro. In den drei staatlichen Museen – Accademia, Galleria Franchetti und Museo d'Arte Orientale – genießen EU-Bürger unter 18 freien, 18- bis 25-Jährige reduzierten Eintritt.

Den besten Überblick im Internet bietet *veneziaunica.it,* die Website des Tourismusverbands (auch auf Deutsch und leicht zu navigieren). Alle städtischen Museen präsentieren sich (auch auf Englisch) unter *visitmuve.it.* 15 kunsthistorisch bedeutsame Kirchen haben sich zur *Associazione Chiese di Venezia/Chorus (chorusvenezia.org)* zusammengeschlossen. Der Chorus Pass für 12 Euro (Studierende bis 29 Jahre 8 Euro, Familienpass 24 Euro), berechtigt zeitlich unbegrenzt zum Besuch aller dieser Gotteshäuser. Der Einzeleintritt zu den wichtigen Kirchen liegt bei 3 Euro.

WOHIN ZUERST?

Steuere zuerst den **Markusplatz** (📖 *J–K 7–8)* an – am besten an Bord eines Vaporetto der Linien 1 oder 2, das vom Bahnhof bzw. vom (Bus-)Parkplatz am Piazzale Roma den Canal Grande hinunterfährt. Empfehlenswert für den Erstkontakt mit der Stadt sind auch die Boote der Linien 4.1/4.2 und 5.1/5.2, mit denen man die gesamte Altstadt umrunden kann. Den schönsten Überblick aus der Vogelperspektive bieten die Aussichtsgalerien auf dem Campanile von San Marco oder von San Giorgio Maggiore.

CANAL GRANDE

Venedigs Stadtautobahn, über die Frachtkähne, Wasserbusse und Motorboote brettern, führt vom Bahnhof bzw. dem Piazzale Roma bis zur goldkugelbekrönten Dogana da Mar, der alten Zollstation (Fahrzeit zwischen 20 und 50 Minuten). Dabei kommst du vorbei an prachtvollen Palast- und Kirchenfassaden in ei-

Mit elegantem Schwung überspannt Calatravas Ponte della Costituzione den Canal Grande

ner so sensationell dichten Folge, wie man sie wohl kaum irgendwo anders findet.

1 PONTE DELLA COSTITUZIONE

Ein echter Zankapfel, diese moderne Brücke mit gläserner Brüstung und Fischgrätstruktur. Manche finden sie potthässlich, andere toll. Sogar vor Gericht wurde zwischen ihrem Schöpfer und der Stadt gestritten. Auf jeden Fall mal was anderes ist diese 94 m lange, von Santiago Calatrava entworfene Fußgängerbrücke, die seit 2008 in elegantem Bogen zwischen Piazzale Roma und Bahnhof den Canal Grande überspannt. *Anleger: Piazzale Roma, Ferrovia |* C–D5

2 FONDACO DEI TURCHI

Der Baukomplex aus dem 13. Jh. diente 400 Jahre später türkischen Händlern als Geschäfts- und Wohnsitz, was

ihm seinen heutigen Namen einbrachte. Eine ziemlich rabiate Generalsanierung im 19. Jh. beraubte ihn der ursprünglichen, venezianisch-byzantinischen Stilmerkmale. Geblieben sind die charakteristischen Seitentürmchen und dazwischen die breite Säulenhalle. Heute beherbergt der markante Bau das Naturhistorische Museum *(Museo di Storia Naturale | Juni–Okt. Di–So 10–18, Nov.–Mai Di–Fr 9–17, Sa/So 10–18 Uhr | msn.vi sitmuve.it)*, zu dessen – sehr familientauglichen! – Highlights das Aquarium und der Dinosauriersaal mit einem in der Südsahara gefundenen, kompletten Skelett zählen. *Anleger: San Stae |* G4

3 PALAZZO VENDRAMIN-CALERGI

In die Geschichte ist dieser großartige, von Mauro Codussi und den Brüdern Lombardo um 1500 erbaute Renais-

Mal wie ein Adliger des 18. Jhs. fühlen? Dann spazier, pardon: schreite durch die Ca' Rezzonico

sancepalast als Wohnsitz und Sterbe-stätte Richard Wagners eingegangen. Heute pilgern vor allem Glücksritter hierher: Hinter den rundbögigen Fens-tern hat das *Kasino (casinovenezia.it)* samt Nachtclub seinen Sitz. *Anleger: San Marcuola |* 🗺️ *G4*

4 SAN STAE

Besonders toll an diesem Gotteshaus aus dem 17. Jh. ist die im Stil Andrea Palladios gestaltete Fassade, die ihr der Schweizer Domenico Rossi 1709 vorgesetzt hat. Im Inneren hängen Bil-der aus dem frühen 18. Jh., u. a. von Giambattista Tiepolo, Giovanni Battis-ta Piazzetta und Sebastiano Ricci. *Campo San Stae 3013 | Mo–Sa 14–17 Uhr | Anleger: San Stae |* 🗺️ *G4*

5 CA' PESARO

Auch wenn Museen für orientalische sowie moderne Kunst nicht so deins sind, schau dir den mächtigen, die Südseite des Canal Grande beherr-schenden Barockkomplex mit seiner Marmorfassade an. Immerhin handelt es sich um das Meisterwerk Baldassa-re Longhenas, an dem fast 60 Jahre lang gebaut wurde. Zu den reichen Beständen der *Galleria d'Arte Moder-na* in der Ca' Pesaro zählen u. a. Werke von Max Klee, Gustav Klimt, Max Klinger, Auguste Rodin, Wassily Kan-dinsky, Marc Chagall und Giorgio De Chirico.

Wer fernöstliche Kunst mag, findet im obersten Stock das *Museo d'Arte Ori-entale* mit Kunstgewerbe aus China, Japan, Indonesien und einer bedeu-tenden Sammlung japanischer Ge-mälde aus der Edo-Zeit, dem frühen 17. bis mittleren 19. Jh. *Di–So 10–17, April–Okt. bis 18 Uhr | capesaro.visit muve.it | Anleger: San Stae |* ⏱️ *1½ Std. |* 🗺️ *H4*

6 CA' D'ORO/GALLERIA GIORGIO FRANCHETTI

Eine noch filigranere, kostbarere Fassade lässt sich entlang dem Canal Grande, ja in der ganzen Stadt nicht finden. Das „Goldene Haus" ist das Meisterstück der venezianischen Spätgotik am Übergang zur Frührenaissance. Seine aufwendig restaurierte Außenhaut, die ursprünglich mit Blattgold und farbigem Marmor dekoriert war, wirkt wie aus Stein gemeißelte Buranospitze. Im Palast ist die *Kunstsammlung Baron Franchettis* zu Hause. Sie umfasst Meisterwerke wie Andrea Mantegnas hl. Sebastian, Tizians Venus, Vittore Carpaccios Verkündigung und Tod der Hl. Jungfrau, Bilder von Giovanni Bellini, Giorgione, Anthonis van Dyck u.a. sowie flämische Gobelins und Möbel aus Gotik und Renaissance. *Di–So 8.15–19.15, Mo 8.15–14 Uhr | cadoro.org | Anleger: Ca' d'Oro |* ⏱ *1½ Std. |* ▥ *H4–5*

7 PESCHERIA

Das neogotische Gebäude mit seinen Arkaden steht erst seit 1907. Ein Fischmarkt jedoch wird an dieser Stelle bereits seit dem 14. Jh. abgehalten. Den angrenzenden Obst- und Gemüsemarkt gibt es hier sogar schon seit 1100. *Anleger: Rialto oder Ca' d'Oro und mit der Gondelfähre (traghetto) übersetzen |* ▥ *H5*

8 CA' FOSCARI

In diesem spätgotischen Stadtpalast mit vollkommen symmetrischer Fassade brummt heute das Leben. Er ist Sitz der Universität und wurde 2008 von Studierenden restauriert. Früher gehörte der Palazzo an der *volta,* der letzten Biegung des Canal Grande, der Familie des Dogen Francesco Foscari. Im 19. Jh. wurde er als Krankenhaus und später von der österreichischen Besatzungsmacht als Kaserne genutzt. Danach war er ziemlich runtergekommen, aber zum Glück gibts ja Studierende, die die Ärmel hochkrempeln. So wie er jetzt aussieht, ist er wieder ein Glanzlicht am Canal Grande. *Anleger: Ca' Rezzonico, San Tomà |* ▥ *F7*

9 PALAZZO GRASSI

Ein Wahnsinnsbau, der da gleich gegenüber am Ufer vorbeigleitet. Seit einigen Jahren machen die Wechselausstellungen von sich reden. Der französische Mäzen François Pinault scheut keine Kosten, um Venedig in Sachen zeitgenössischer Kunst zu einem Hotspot zu machen. *Mi–Mo 10–19 Uhr | Kombiticket mit Punta della Dogana | palazzograssi.it | Anleger: San Samuele |* ⏱ *1½ Std. |* ▥ *F8*

10 CA' REZZONICO/MUSEO DEL SETTECENTO VENEZIANO

Der massige, von Baldassare Longhena und Giorgio Massari erbaute Palast ist selbst für venezianische Verhältnisse ein Highlight der Renaissancearchitektur. Im 18. Jh. gehörte er mal Carlo Rezzonico, der später als Papst Clemens XIII. Geschichte schrieb. Heute birgt der Bau das *Museo del Settecento Veneziano,* das den opulenten Lebensstil des Adels zur Spätzeit der Republik zeigt. Über alle drei Etagen erstreckt sich dieses „Museum des

18. Jhs.". Anhand kostbarer Möbel und Dekorstücke, Bilder und Deckengemälde kriegst du einen authentischen Einblick in die Lebenswelt der reichen Adelsfamilien jener Blütezeit. Prunkstücke sind das geschnitzte Mobiliar und die Lampen tragenden Mohren, diverse Deckenfresken sowie die Kabinettbilder Pietro Longhis mit Szenen aus dem venezianischen Alltagsleben. *Eingang: Fondamenta Rezzonico | Mi–Mo 10–17, April–Okt. bis 18 Uhr | ca rezzonico.visitmuve.it | Anleger: Ca' Rezzonico | ⏱ 1½ Std. | ▢ F8*

⑪ SANTA MARIA DELLA SALUTE

Mehr Barock geht nicht! Dieses Prachtexemplar einer venezianischen Barockkirche erhebt sich eindrucksvoll über dem südöstlichen Ende des Canal Grande – ein phantastischer, in weißen Marmor gekleideter Bau, entworfen von Baldassare Longhena über achteckigem Grundriss. Die Kirche wurde zum Dank für das Ende einer Pestepidemie errichtet. Eine gewaltige, weithin strahlende Kuppel ist das i-Tüpfelchen. In der Sakristei hängen u. a. Altarbilder von Tizian und Tintoretto. *Tgl. 9–12 und 15–17.30, Sakristei Mo–Sa 10–12 und 15–17, So 15–17 Uhr | Anleger: Salute | ⏱ 30 Min. | ▢ H9*

⑫ PUNTA DELLA DOGANA

In der alten Seezollstation zeigt der milliardenschwere Mäzen François Pinault einen repräsentativen Querschnitt seiner Sammlung, darunter Hauptwerke von Stars wie Jeff Koons, Richard Serra und Damien Hirst. Zwei Atlanten und eine vergoldete Erdku-

gel krönen das Gebäude an der Ostspitze von Dorsoduro. *Mi–Mo 10–19 Uhr | Kombiticket mit Palazzo Grassi | palazzograssi.it | Anleger: Salute | ▢ J9*

SAN MARCO

Früher war der Bezirk die Machtzentrale der Seerepublik. Wer hier wohnte, gehörte klar zur Oberschicht. Auch heute noch lesen sich die Klingelschilder vornehmer Privatresidenzen wie das Who's who des weltweiten (Geld-)Adels. Hier schlägt das Herz der Stadt – und es ist rappelvoll mit Touristen.

Aber egal wie viele Rucksäcke du in den Bauch gerammt kriegst, wie viele Selfiesticks fast im Auge landen – die Piazza San Marco flasht; ohne sie hat man Venedig nicht gesehen. Also rein in Dogenpalast und Markusdom, rauf auf den Campanile! Und dann untertauchen im Gassengewirr rund um den Platz, wo der Espresso in winzigen Stehbars einen Bruchteil von dem kostet, was dir die berühmten Kaffeehäuser mit Spitzendeckchen, Salon und Orchester auf dem Markusplatz abknöpfen.

⑬ PIAZZA SAN MARCO ★

Viel mehr als ein Platz! Napoleon nannte ihn den „schönsten Salon der Welt". Der 175 m lange, leicht trapezförmige Markusplatz wurde vor über 800 Jahren angelegt und ist wirklich je nach Tages- und Jahreszeit total verschieden in seiner Wirkung. Er war Schauplatz von Prozessionen und von

Mit einer goldenen Erdkugel markiert die Punta della Dogana das Südende des Canal Grande

ausgelassenen Festen und ist bis heute Bühne der Eitelkeiten für Einheimische und Zugereiste. Seine besondere Magie spürst du, wenn nicht gerade Tausende Menschen auf ihm herumlaufen, also an nebligen Winterlagen oder in tiefer Nacht. Aber egal wann – einmal die Arkaden mit ihren Luxusläden entlang- und über den Platz zu flanieren, das muss sein. *Anleger: San Marco | J–K 7–8*

14 MUSEO CORRER

Wenn Kunst, dann bitte hier hinein! Im reich bestückten Stadtmuseum tauchst du in die Tiefen der venezianischen (Kunst-)Geschichte ein. Es liegt etwas versteckt hinter den südwestlichen Fassaden des Markusplatzes. Im ersten Stock sind die frühen Arbeiten des

großen Bildhauers Antonio Canova zu sehen und du erfährst viel über die wichtigen historischen Themen der Lagunenstadt, von Handel und Seefahrt über Politik, Administration und Kriegsgeschichte bis zu den Künsten, Berufsgruppen und Festen. Da sind die Amtstrachten und Prunkgewänder der hohen Würdenträger, alte Münzen und marmorne Markuslöwen, vergilbte See- und Landkarten sowie der um 1500 von Jacopo de' Barbari geschaffene erste detaillierte Plan der Stadt. Die gesamte venezianische Geschichte vom Ende der Republik 1797 bis zum Aufgehen der Stadt im vereinigten Königreich Italien in den Sechzigerjahren des 19. Jhs. ist hier dokumentiert. Eine weitere Attraktion sind die Appartements, in denen Kaiserin

Blickfang: Campanile di San Marco

angeblich zwei ziemlich blasiert dreinblickende Kurtisanen in Gesellschaft ihrer Hunde und Vögel zeigt. *Sommer tgl. 10–19, Winter 10–17 Uhr | Kombikarte mit Palazzo Ducale, Biblioteca Marciana und Museo Archeologico | correr.visitmuve.it | Anleger: Vallaresso | ⏱ 2 Std. | ▥ J8*

⓯ CAMPANILE DI SAN MARCO ★

Bequem mit dem Lift gehts hinauf auf den berühmten Turm, von dem 1997 acht tollkühne Männer die Abspaltung Venedigs von Italien verkündeten und dafür viel Beifall und ein Gerichtsverfahren an den Hals bekamen. Ein toller Blick über Venedigs Dächer ist garantiert. Das Panorama verschafft sowohl eine erste, sehr hilfreiche Gesamtorientierung als auch ein Gefühl für die einzigartige Lage und Struktur der Lagunenstadt. Ursprünglich im 10. Jh. errichtet und im 12. beträchtlich erhöht, stürzte das fast 100 m hohe Wahrzeichen 1902 ein, wurde aber aus dem ursprünglichen Material umgehend wieder aufgebaut. Während du vor der Kasse Schlange stehst, schau einfach mal hoch zu der um

INSIDER-TIPP
Kopf hoch, hier gibts was zu gucken

1540 von Jacopo Sansovino erbauten Loggetta – ein echtes Prachtstück! Unter ihren Arkaden, einem architektonischen Gegenstück zur „Gigantentreppe" Scala dei Giganti im Dogenpalast vis-à-vis, haben sich einst Venedigs Adlige zum Plausch getroffen. *Ostern–Juni und Okt. tgl. 9–19, Juli–Sept. 9–21, Nov.–Ostern 9.30–15.45 Uhr | Anleger: San Marco | ⏱ 30 Min. | ▥ K8*

Sisi, die Gattin des Habsburgerkaisers Franz Joseph, während zweier Aufenthalte insgesamt acht Monate wohnte. Die zweite Etage ist hauptsächlich Gemäldegalerie: Bilder und Skulpturen von der veneto-byzantinischen und frühgotischen Zeit bis ins Cinquecento, das goldene 16. Jh. Höhepunkte sind die Arbeiten der Familie Bellini sowie ihrer Zeitgenossen und des etwa eine Generation später erfolgreichen Lorenzo Lotto, aber auch die schneeweißen Marmorplastiken Antonio Canovas. Das berühmteste Exponat des Museums ist Vittore Carpaccios um 1510 entstandenes Bild der beiden „Venezianischen Damen", das

16 TORRE DELL'OROLOGIO (UHRTURM)

Achtung, Ohren zuhalten! Von der Dachterrasse des Uhrturms schlagen zwei bronzene Riesen auf ohrenbetäubende Weise die vollen Stunden. Mehr als 500 Jahre alt ist dieser von Mauro Codussi entworfene Turm mit blauweißer, von einem Markuslöwen gekrönter Fassade. Hoch darf man nur nach Anmeldung *(Tel. 0 41 42 73 08 92 | torreorologio.visitmuve.it)* im Rahmen einer Führung *(auf Italienisch: tgl. 13 und 16, auf Englisch Mo–Mi 11 und 12, Do–So 14 und 15 Uhr). Piazza San Marco | Anleger: San Marco |* 📖 *K7*

17 BASILICA DI SAN MARCO ⭐ 👁

Mehr Prunk geht nicht. Fünf Kuppeln, maßwerkverzierte Bögen und Fenster, Mosaike, Ikonen, ein Hochaltar mit Sarkophag des hl. Markus, Bronzefiguren ohne Ende – noch Fragen? Den Kern bildet immer noch jener im 11. Jh. über dem Grundriss eines griechischen Kreuzes errichtete Bau, in dem seinerzeit die identitätsstiftende Reliquie der Stadt aufbewahrt wurde: die im ägyptischen Alexandria entwendeten Gebeine des hl. Markus.

Die Hauptattraktionen: die unvergleichlichen, leider überwiegend von Teppichen bedeckten Steinmosaike im Chorbereich (Zugang gegen ein Extraticket rechts über die Cappella di San Clemente) die reich verzierte, dreitürige Ikonostase; der Hochaltar mit dem Sarkophag des hl. Markus; Sansovinos Sakristeitür sowie seine Bronzefiguren; das kostbarste Kleinod, die *Pala d'Oro* – ein zwischen dem 10. und 14. Jh. aus Gold und Email ge-

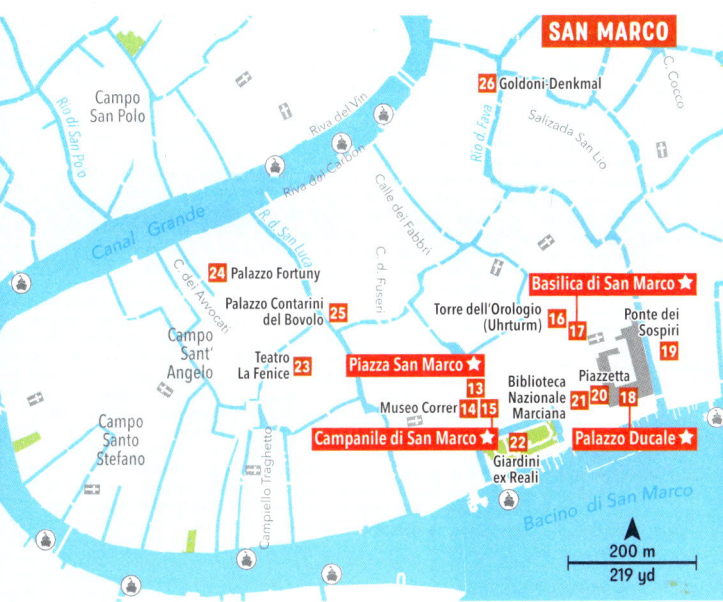

SAN MARCO

26 Goldoni-Denkmal

Campo San Polo

Campo Sant' Angelo

24 Palazzo Fortuny

Palazzo Contarini del Bovolo 25

Teatro La Fenice 23

13 Piazza San Marco ⭐

Museo Correr 14 15

Campanile di San Marco ⭐

Campo Santo Stefano

Torre dell'Orologio (Uhrturm) 16 17

Basilica di San Marco ⭐

Ponte dei Sospiri 19

Biblioteca Nazionale Marciana

Piazzetta 21 20 18

22 Palazzo Ducale ⭐

Giardini ex Reali

Bacino di San Marco

200 m
219 yd

fertigter, mit Aberhunderten Edelsteinen besetzter Altaraufsatz. Und natürlich die grandiosen *Mosaike:* Sie illustrieren auf über 4000 m² Geschehnisse aus dem Alten und Neuen Testament. Um sie auch im Detail aus der Nähe betrachten zu können, steig am besten vom inneren Hauptportal aus auf die Galerie hoch.

Den reichsten byzantinischen Gold- und Silberschatz der Welt gibt es im *Tesoro,* der Schatzkammer, zu sehen (wie für die Pala d'Oro ist auch hier ein kleiner Extraeintritt zu bezahlen). Er stammt zum größten Teil aus Konstantinopel, das die Venezianer im Jahr 1204 plünderten. Obwohl ein großer Teil seiner Bestände von Napoleon geraubt und eingeschmolzen wurde, umfasst der *Tesoro* eine immer noch imposante Sammlung liturgischer Geräte, Reliquiare und Schnitzarbeiten. Unbedingt aus der Nähe anschauen musst du dir auch die *Quadriga:* vier weltberühmte Bronzepferde, die vermutlich aus dem antiken Rom stammen.

Und dann wären da noch, last but not least, die leuchtenden Mosaike an den Innenwänden, Bögen und Kuppeln der Basilika, die bei einem Hochwasser 2018 leider etwas beschädigt wurden. Sie zeigen Szenen aus dem Alten (in der Vorhalle) und dem Neuen Testament (im dreischiffigen Innenraum). Highlights: die Darstellung des hl. Geists als Taube mit den zwölf Aposteln in der dem Haupteingang nächsten Kuppel, das Passionsgewölbe mit Motiven des vorösterlichen Geschehens, die Himmelfahrtskuppel, in deren Zenit der Erlöser in einem von Engeln gestützten Sternenkreis schwebt, sowie, in der Chorkuppel, Christus als Segen spendender Pantokrator, als „Weltenherrscher".

Wer will schon seine Zeit mit Anstehen vertrödeln, während es drinnen so viel zu sehen gibt? ==Überspring einfach die endlose Schlange vor dem Dom, indem du online ein Skip-the-line-Ticket kaufst== *(3 Euro | buchbar von April bis Okt. auf venetoinside.com).* Oder gönn dir gleich das volle Programm mit geführter Tour und Zugang zur Terrasse *(21,50 Euro).* Achtung: Die Mitnahme von jeglichem Gepäck in die Kirche ist untersagt. Aufbewahrung im *Ateneo*

INSIDER-TIPP
Warteschlange? Nö!

San Basso (Piazzetta dei Leoncini | tgl. 9.30–17.30 Uhr). Basilika Mo–Sa 9.30 –17, So 14–16.30, Sommer bis 17 Uhr; Galerien tgl. 9.45–16.45 Uhr; Pala d'Oro und Tesoro Mo–Sa 9.45–16, So 14–16, Sommer jeweils bis 17 Uhr | basilicasanmarco.it | Anleger: San Marco | ⏱ 1½ Std. | ▥ K7

🔴18 PALAZZO DUCALE ★ ☂

Der Palast der Paläste, Machtzentrum der Politik und Gesetzgebung, höchstes Symbol venezianischer Zivilisation. 120 Dogen haben von hier aus während fast 1000 Jahren die Geschicke der Seerepublik gelenkt. Heute ist er so zu sehen, wie er im 14. und 15. Jh. gestaltet wurde: gotisch.

Schon die kolossale, mit Marmor verkleidete, im unteren Bereich von zahllosen zierlichen Säulen und Bögen durchsetzte Fassade hat ein „Wow" verdient. Schau dir die Skulpturengruppen „Adam und Eva" und die „Trunkenheit Noahs" an den Ecken des Südflügels sowie die Szenen an jedem einzelnen der Dutzende Säulenkapitelle genau an – einfach wunderschön!

Und erst das Innere des Dogenpalasts! Du gehst durch das Hauptportal, die *Porta della Carta,* in den Innenhof, der vom zweigeschossigen Triumphtor *Arco Foscari* und der *Scala dei Giganti* beherrscht wird, die zwei Statuen des Neptun und Mars von Jacopo Sansovi-

Im Dogenpalast entfalteten sich Macht und Pracht der Stadtrepublik no bewachen. Natürlich haben im Dogenpalast nur die Besten der Besten den Pinsel schwingen dürfen. Auf ihren Wandgemälden haben die bedeutendsten Maler des 16. Jhs., allen voran Tintoretto, Tizian und Paolo Veronese, die wichtigsten Ereignisse der Stadtgeschichte festgehalten, von den genen über die Seufzerbrücke in den Kerker. Brr, das gruselt!

Wer jetzt noch nicht genug hat, bucht einen der (auf Italienisch, Französisch und Englisch) geführten Rundgänge auf „geheimen Wegen", den *Itinerari Segreti;*

INSIDER-TIPP
Top secret und du bist dabei

Vom Dogenpalast direkt in den Knast: Die Seufzerbrücke trägt ihren Namen nicht umsonst

Mythen der Gründungszeit bis zu den großen militärischen Erfolgen. Am beeindruckendsten ist die *Sala del Maggior Consiglio.* In diesem 54 × 25 m großen Raum tagte der aus bis zu 1800 Mitgliedern bestehende Große Rat und wählte die hohen Staatsbeamten und Männer der Signoria. Ein Blickfang ist Tintorettos Paradiesbild an der Stirnseite, das mit 7 × 22 m größte Leinwandbild der Welt. Zum Schluss gehst du wie früher die Gefan-

das geht spontan am Infoschalter beim Palasteingang oder online spätestens 48 Stunden im Voraus (Besichtigung des Dogenpalasts inbegriffen). Bei diesen Spezialrundgängen kommst du sogar in die Zwischendecke des Großen Ratssaals, die Amtsräume des Großkanzlers, die Geheimarchive und in jene „Bleikammern" *(piombi),* in denen einst auch Giacomo Casanova schmorte. *Tgl. 8.30–18, April–Okt. bis 19 Uhr | Kombikarte mit Biblioteca Marciana,*

Museo Correr und Museo Archeologico | palazzoducale.visitmuve.it | Anleger: San Zaccaria | ⊙ 2 Std. | ⬚ K8

19 PONTE DEI SOSPIRI

Nichts für zarte Seelen mit viel Phantasie: Hier traten einst die Gefangenen ihren Gang vom Gerichtssaal im Dogenpalast in den Kerker *(Palazzo delle Prigioni)* an. Sie wussten, dass ihnen ein schlimmes Ende bevorstand, deshalb heißt dieser von neugierigen Blicken abgeschirmte Korridor Seufzerbrücke. Schließ die Augen und du hörst ihre Klagen – oder auch nur das Geplapper der Touristen und das Klicken ihrer Kameras, mit denen sie vom am Kai gelegenen Ponte della Paglia die Seufzerbrücke ohne Unterlass ablichten. *Anleger: San Zaccaria | ⬚ K8*

20 PIAZZETTA

Die kleine, wildere Schwester des Markusplatzes. Hier, zwischen Campanile und Canale di San Marco, im Osten vom Dogenpalast, im Westen von der Biblioteca Marciana begrenzt, ging es früher richtig ab. Hier zockten die Venezianer beim Glücksspiel oder betranken sich an einfachen Buden. Sogar Latrinen standen hier früher und ab und zu wurde jemand einen Kopf kürzer gemacht. Immer dabei: Venedigs erster Schutzpatron, der hl. Theodor; mit dabei hat er ein Krokodil und einen geflügelten Markuslöwen. *Anleger: San Marco | ⬚ K8*

21 BIBLIOTECA NAZIONALE MARCIANA

Jacopo Sansovino hieß der aus Florenz stammende Architekt dieses mo-numentalen Renaissancebaus. Der Hauptsaal des laut Palladio „vielleicht kostbarsten, reichst dekorierten Gebäudes, das seit der Zeit der alten Griechen und Römer gebaut worden ist", ist mit Gemälden von Veronese und Tintoretto dekoriert, die Decke des Vorraums hat Tizian gestaltet. Zu den rund 900 000 Bänden und 13 000 Handschriften zählen u. a. Marco Polos Testament und die berühmte Weltkarte des einst auf Venedigs Friedhofsinsel heimischen Mönchs Fra Mauro. *Eingang beim Museo Correr | Mo–Fr 8.20–19, Sa 8.20–13.30 Uhr | Kombikarte mit Palazzo Ducale, Museo Correr und Museo Archeologico | marciana.venezia.sbn.it | Anleger: Vallaresso | ⊙ 30 Min. | ⬚ K8*

22 GIARDINI EX REALI

Die einzige, wenn auch ziemlich kleine Grünoase im sonst so steinernen Herzen der Stadt. Ein schöner Platz zum Durchatmen auf einer schattigen Parkbank. *Anleger: San Marco | ⬚ J–K8*

23 TEATRO LA FENICE

Kaum zu glauben, dass dieses klassizistische Theater ein Fake ist. Die roten Plüschsessel, der Stuck, das Gold – alles wirkt wie aus dem 18. Jh. Aber leider ging das weltberühmte Opernhaus 1996 in Flammen auf und musste neu gebaut werden. Man entschied sich für einen originalgetreuen Nachbau – voilà! Auch wenn du Opern nicht ausstehen kannst – einfach mal reingehen und die Atmosphäre genießen! *Campo San Fantin 1965 | tgl. 9.30–18 Uhr | teatrolafenice.it | Anleger: Giglio | ⊙ 30 Min. | ⬚ H8*

24 PALAZZO FORTUNY

Über vier Jahrzehnte lang hat der in Spanien geborene Künstler Mariano Fortuny in diesem gotischen Palazzo gelebt. Er war Maler, Bildhauer, Beleuchtungstechniker, Bühnenbildner, Dekorateur und entwarf zudem wunderschöne Seidenstoffe und handbemalte Lampen. In dem Palast sind die Arbeiten des Tausendsassas und seine Sammlungen ausgestellt. Im Erdgeschoss gibt es interessante Wechselausstellungen. *Calle Pesaro 3958 | Mi–Mo 10–18 Uhr | fortuny.visitmuve.it | Anleger: Sant'Angelo | ⏱ 1 Std. | ▭ H7*

25 PALAZZO CONTARINI DEL BOVOLO

Folgt man vom Campo Manin an dessen Südseite einem kleinen gelben Schild, steht man nach zwei, drei Ecken vor diesem Zeugnis verspielter Renaissancearchitektur. Das „Schneckenhaus", eine um 1500 entstandene, mit eleganten Arkaden versehene Wendeltreppe, führt an der Fassade des gotischen Palasts der Adelsfamilie Contarini nach oben. Die spektakulärste Wendeltreppe Venedigs ist seit ihrer Restaurierung auch begehbar. *Tgl. 10–18 Uhr | gioiellinascostidivenezia.it | Anleger: Rialto, Sant'Angelo | ⏱ 45 Min. | ▭ H7*

26 GOLDONI-DENKMAL

Sogar in Bronze gegossen scheint Carlo Goldoni, Venedigs großer Komödienautor, noch zu schmunzeln. Was bei dem Standplatz kaum verwundert, ist doch der *Campo San Bartolomeo* ein beliebter Treffpunkt zum Flirten und

Im *sestiere* Castello: ein Alltags-Venedig mit Tante-Emma-Läden *alla veneziana*

Feiern bis in die Nacht. *Anleger: Rialto* | 🗺 *J6*

CASTELLO

Es ist das größte Stadtsechstel und das mit den meisten Kontrasten: Während unmittelbar hinter dem Dogenpalast und entlang der Uferpromenade Riva degli Schiavoni das touristische Leben wogt und ein Nobelhotel neben dem anderen steht, lebt weiter östlich, rund um die Via Garibaldi und im winkligen Wohngebiet der ehemaligen Werftarbeiter, der Alltag auf.

Kleine Werkstätten, Läden, mit Wäscheleinen überspannte Gassen, spielende Kinder: Hier zeigt sich Venedig von seiner sympathisch alltäglichen, wenn auch teilweise etwas ärmlichen Seite. Aber natürlich gibt es auch in Castello Kunstschätze zu entdecken – Kirchen wie San Zaccaria oder Santi Giovanni e Paolo mit den Dogengräbern oder die Bruderschaftshäuser der Dalmatiner und Griechen. Als größte Grünoase der Altstadt geben die Giardini Pubblici Gelegenheit zum Durchatmen. Auf ihrem Gelände findet alle zwei Jahre die berühmte Biennale d'Arte statt, ein Festival der internationalen Gegenwartskunst und zeitgenössischen Architektur.

27 SAN ZACCARIA

Schon die Marmorfassade dieser nur zwei, drei Gehminuten östlich des Dogenpalasts gelegenen Kirche ist eine Wucht. Ihr Innenraum enthält etliche bedeutende Kunstwerke, allen voran die schöne „Sacra Conversazione" (Maria mit Kind), ein Hauptwerk von Giovanni Bellini. Der Campanile stammt aus dem 12. Jh. und zählt damit zu Venedigs ältesten Glockentürmen. *Mo –Sa 10–12 und 16–18, So 16–18 Uhr, aber häufig wechselnde Zeiten | Anleger: San Zaccaria* | ⏱ *30 Min.* | 🗺 *L7*

28 MUSEO QUERINI STAMPALIA 👤

Im Mittelpunkt jeder Besichtigung dieses prachtvollen Patrizierhauses steht seine Gemäldesammlung, die u. a. Werke von Giovanni Bellini, Palma il Vecchio und Giambattista Tiepolo umfasst sowie Pietro Longhis und Gabriele Bellas Genreszenen aus dem venezianischen Alltag. Das Leben der oberen Zehntausend mit Morgenspaziergang, Abendempfang, Ruderregatta und Begräbnisfeier wird auf den Gemälden richtig lebendig. Der Rundgang durch die insgesamt 20 Räume lohnt auch wegen des herrlichen Ambiente, in dem reiche Adlige wie die Grafen Querini Stampalia im 18. Jh. wohnten: üppige Deckenfresken, Rokokostuck und Kronleuchter aus Muranoglas, prachtvolle Spiegel, Lackmöbel und Bibliothekswände, deren Regale 200 000 Bände füllen – das hat was! *Di–So 10–18 Uhr | querinistampalia.org | Anleger: San Zaccaria* | ⏱ *1 Std.* | 🗺 *L7*

INSIDER-TIPP
Venezianischer Alltag im 18. Jh.

29 CAMPO DI SANTA MARIA FORMOSA

Früher fanden auf diesem Platz, einem der größten und schönsten der

Stadt, Theateraufführungen, Feste und Stierkämpfe statt. Die Spektakel sind Vergangenheit, doch lässt sich hier beim Eis oder Kaffee heute besonders schön das Alltagsleben beobachten, wie es rund um die für venezianische Verhältnisse ungewohnt frei stehende Kirche Santa Maria Formosa wogt. *Anleger: San Zaccaria* | 🗺 *K–L6*

30 SANTI GIOVANNI E PAOLO

Nicht weniger als 27 Dogen liegen in diesem größten gotischen Gotteshaus der Stadt begraben. An ihren Gräbern kannst du die Entwicklung der örtlichen Bildhauerkunst von der Spätgotik bis in die Barockzeit ablesen. Sie findet im Grab Alvise Mocenigos am inneren Kirchenportal ihren kolossalen Höhepunkt. Das kaum minder wuchtige Gegenüber bildet der von Baldassare Longhena konzipierte Barockaltar.

Unter den zahlreichen Kunstwerken, die das Innere dieser in ihrer Gesamtheit auffallend asketischen Bettelordenskirche sonst noch bereichern, lohnen u. a. die Bilder von Giovanni Bellini, Lorenzo Lotto und Paolo Veronese einen Blick. Schau dir auch die direkt an die Kirche angrenzende, mit Reliefs und Marmorintarsien verzierte Renaissancefassade der *Scuola Grande di San Marco* an. *Mo–Sa 9–18, So 12–18 Uhr | Anleger: Ospedale* | ⏱ *1 Std.* | 🗺 *L5*

31 BARBARIA DE LE TOLE

Kaum zu glauben: In dieser ruhigen Gasse wurde früher gezimmert und gehämmert, was das Zeug hält. Hier lebten und arbeiteten Handwerker, die ihre *tole* (Holztafeln) bis nach Arabien verkauften. Der Handel ging später ein, aber es blieb die Straße der Zimmerleute mit ihren *botteghe*. Hübsch ist die weiße Renaissancekirche *Santa Maria dei Derelitti*. Unbedingt reingehen! *Anleger: Ospedale* | 🗺 *L–M6*

32 SAN FRANCESCO DELLA VIGNA

Pilgerstätte aller Architekturfans. Die Klosteranlage auf dem Boden eines ehemaligen Weingartens *(vigna)* wirkt mehr wie ein antiker Tempel. Das liegt an ihrem Erbauer: Andrea Palladio war *der* Stararchitekt der Renaissancezeit, seine klassizistischen Villen für den venezianischen Adel sind weltberühmt. Hier hat er ein Gotteshaus aufgemotzt. *Tgl. 8–12.30 und 15–18 Uhr | Anleger: Celestia* | 🗺 *N6*

33 CAMPO DE LE GATE

Dieser stille, kleine Platz ist magisch. Kurz durchatmen, innehalten. Vielleicht kennst du die Gedichte von Ugo Foscolo? Eine Gedenktafel erinnert an den italienischen Schriftsteller, der hier ein paar Jahre lebte. *Anleger: San Zaccaria* | 🗺 *N7*

34 SCUOLA DI SAN GIORGIO DEGLI SCHIAVONI

Zu Geld gekommene dalmatinische Kaufleute gründeten die Bruderschaft 1452, um alte, arme Seeleute aus ihrer Heimat zu unterstützen und deren Kinder erziehen zu lassen. Das kleine Oratorium ist einer der ganz wenigen Räume in der Stadt, dessen Malereien noch von den ursprünglichen geschnitzten und vergoldeten alten Wandverkleidungen umrahmt sind.

CASTELLO

30 Santi Giovanni e Paolo
31 Barbaria de le Tole
32 San Francesco della Vigna
29 Campo di Santa Maria Formosa
28 Museo Querini Stampalia
34 Scuola di San Giorgio degli Schiavoni
33 Campo de le Gate
27 San Zaccaria
36 Arsenale
Palazzo Ducale
Riva degli Schiavoni
35 Museo Storico Navale
Via Giuseppe Garibaldi
Riva dei Sette Martiri
Darsena Grande
Secco Marina
Canale di San Marco
I Giardini della Biennale
250 m
273 yd
Giardini Pubblici 37

Sein großer Schatz ist der Anfang des 16. Jhs. von Vittore Carpaccio geschaffene Gemäldezyklus mit Szenen aus dem Leben der dalmatinischen Schutzpatrone Georg, Trifon und Hieronymus. Besonders lebendig wird die Geschichte von Georg, dem Drachentöter, illustriert. *Mo 14.45–18, Di–Sa 9.30–13 und 15–18, So 9.30–13 Uhr | Anleger: San Zaccaria | ○ 1 Std. | ▥ M7*

35 MUSEO STORICO NAVALE

Das Museum der Schifffahrtsgeschichte ist genau dort, wo es hingehört, nämlich in einem alten Speicher in unmittelbarer Nähe des Arsenals. Hier wird die Geschichte der Serenissima aus Sicht der Schifffahrt erzählt. Zu sehen gibts Modelle von Kriegs- und Passagierschiffen, Kanonen aus fünf Jahrhunderten, Erläuterungen zum Bau von Gondeln und Festungen, Fischernetze, Seekarten, Navigationsgerät und fromme Votivbilder, die von wunderbarer Errettung aus Seenot zeugen. Das Highlight ist der Bucintoro, eine Prunkbarke, von der aus der Doge einmal jährlich die rituelle Vermählung mit dem Meer vollzog. Toll

Am Eingangstor zum Arsenal wachen die Markuslöwen gleich im Rudel

und Handelsflotte fabrizieren ließ und auch Waffen und Pulver lagerte, das Zentrum der größten Seemacht im östlichen Mittelmeer und dementsprechend streng bewacht. 16 000 Arbeiter haben hier zu seinen Glanzzeiten geschuftet. Heute werden auf dem 320 000 m² großen Areal, dessen Eingang ein prächtiges, von vier Löwen flankiertes Portal *(Ingresso di Terra)* markiert, Fähr- und Frachtschiffe repariert; außerdem haben hier diverse High-Tech-Firmen Werkstätten und Büros. Nur noch einen kleinen Teil hält das italienische Militär in Beschlag. Deshalb ist der Nordteil des Arsenale auch kein militärisches Sperrgebiet mehr, sondern öffentlich zugänglich. In den Biennalejahren bietet die Stiftung der Biennale von Mai bis November einmal in der Woche kostenlose Führungen durch den Südteil an, für die man sich zwingend anmelden muss *(Tel. 04 15 21 88 28 | promozione@la biennale.org).* Da das Arsenale auch Sitz der Gesellschaft ist, die das Hochwasserschutzprojekt MOSE verantwortet, kann man hier überdies thematische Führungen zu dem gigantischen Schleusenbau buchen (E-Mail an *info @mose-venezia.it). Mo–Fr, während der Biennale tgl. 10–17 Uhr | comune. venezia.it/it/arsenaledivenezia | Anleger: Arsenale |* 🚇 *N–P 6–8*

INSIDER-TIPP

Auf den Spuren der einstigen Seemacht

ist die 🎭 Extratour durch den Pavillon der Schiffe, eine reichhaltige Sammlung historischer Wasserfahrzeuge *(Padiglione delle Navi | tgl. 11–17 Uhr)* beim Ponte dell'Arsenale über den Rio della Tana. *Tgl. 10–17, April–Okt. bis 18 Uhr | Anleger: Arsenale |* 🕐 *2 Std. |* 🚇 *N–O 8*

36 ARSENALE

Vom 14. bis ins ausgehende 18. Jh. war diese Werft, in der Venedig sämtliche Schiffe seiner riesigen Kriegs-

37 GIARDINI PUBBLICI

Super für einen Bummel durchs Grüne. Rasenflächen und Baumreihen gibt es in Venedig nämlich nicht sehr viele. Und in der *Serra,* dem gläsernen Gewächshaus von 1894, gibt es eine *Caffetteria (tgl. 10–20 Uhr).* Hier kriegst du süße und salzige Snacks aus Bioproduktion. Sehr relaxte Stimmung zur Aperitifzeit. *Viale Garibaldi 1254 | serradeigiardini.org | Anleger: Giardini |* 🕮 *P9–10*

CANNAREGIO

Der nordwestliche Stadtbezirk zwischen Bahnhof und Rialtobrücke ist einerseits sehr touristisch, weil sich hier alle auf dem Weg zum Markusplatz durchschieben, andererseits ist es der am dichtesten besiedelte, mit nur relativ wenigen Zweitwohnsitzen reicher Ausländer. Dazu gehören auch 33 Inseln und viele Kanäle. Entlang dieser Kanäle kann man wunderbar spazieren und die Zeit verbummeln. Abseits der Hauptschlagader (Lista di Spagna/Rio Terà San Leonardo/Strada Nova) gibt es nette Restaurants mit Terrassen am Wasser und Bars, wo die Einheimischen schnell mal einen Espresso trinken. Am nördlichen Ufer des Canal Grande stehen viele atemraubende Palazzi. Und verpass nicht eine Stippvisite im ehemaligen jüdischen Ghetto, das mitten in Cannaregio liegt. Schöne Synagogen und Restaurants mit koscherer Küche verbreiten eine ganz eigene Stimmung.

🟥 38 GHETTO

Inmitten von Cannaregio gelegen, wird diesem Bezirk im Bezirk die höchst zweifelhafte Ehre zuteil, allen späteren Ghettos der Welt als eine Art Vorbild gedient zu haben. Es geschah Anfang des 16. Jhs., dass die über 5000-köpfige, äußerst erfolg- und einflussreiche jüdische Gemeinde vom Senat dieses Viertel als Wohnort zugewiesen bekam. Das Gebiet, dessen Name von den zuvor hier ansässigen *getti*, den Metallgießereien, abstammt, war praktischerweise von Kanälen eingefasst. Nun versah man es mit Toren und – christlichen – Wächtern und baute „Hochhäuser", die man zu Wucherzinsen an Juden vermietete. Die Bezeichnungen der drei Gebietsteile sind irreführend, denn das 1516 gegründete „neue" Ghetto Nuovo ist 25 Jahre älter als das „alte" Ghetto Vec-

Highlight im Museo Storico Navale: der goldene Bucintoro

Eine der vier Synagogen im Ghetto: die Scuola Levantina

chio. Das „neueste" Ghetto Novissimo ist das Ergebnis einer um 1630 erfolgten Erweiterung.

Sehenswert sind vor allem die vier im Inneren teilweise prachtvollen Synagogen: die 1528 von deutschen Aschkenasim erbaute *Scuola La Tedesca,* die nur vier Jahre jüngere, heute im Rokokostil erhaltene *Scuola Canton,* die in der zweiten Hälfte des 17. Jhs. entstandene, mit einer prächtig geschnitzten Kanzel von Andrea Brustolon versehene *Scuola Levantina* und die größte, dank der Verwendung mehrfarbigen Marmors besonders imposante *Scuola Spagnola.* Wer mehr erfahren will, bucht eine Führung, da gehts dann auch gleich ins *Museo Ebraico (So–Fr – außer an jüdischen Feiertagen – 10–19, Winter 10–17.30 Uhr | museoebraico.it),* in dem die reiche Tradition der jüdischen Gemeinde Venedigs anhand von kostbaren Thoraschreinen, Silberleuchtern, Schriften, Textilien, Möbeln und Musikinstrumenten lebendig wird. *Führungen So–Fr* *(außer an jüdischen Feiertagen) auf Ital./Engl. stdl. 10.30–17.30 (Winter bis 16.30) Uhr, auf Deutsch nach Anmeldung (Tel. 0417153 59), Treffpunkt am Museum | Anleger: Guglie | ▥ F2–3*

🟥 MADONNA DELL'ORTO

Wenig beachtet, aber superschön: Schon die Backsteinfassade dieser gotischen Kirche ganz im Norden mit ihren Apostelstatuen und fein ziselierten Fenstern ist eine Augenweide. Und ihr Inneres schmücken etliche Gemälde der Spitzenklasse – u.a. ein „Johannes der Täufer" von Cima da Conegliano sowie mehrere Tintorettos, der hier in der Apsis der Kirche begraben liegt. *Mo–Sa 10–17, So 12–17 Uhr | Anleger: Madonna dell'Orto | ⏱ 45 Min. | ▥ H2*

INSIDER-TIPP
Verborgene Schätze

🟥 CHIESA DEI GESUITI

Ein wenig abseits der Touristenpfade, am Nordostrand von Cannaregio, erhebt sich dieses Paradebeispiel für den venezianischen Hochbarock: die Hauptkirche des Jesuitenordens. Allein die Fassade mit ihren Kolossalsäulen und dem reichen Skulpturenschmuck wirkt imposant. Beeindruckender noch ist das aufwendig restaurierte, in edlen Grün-Weiß-Tönen gehaltene Innere. Als Blickfang fungiert der von Giuseppe Pozzo prunkvoll gestaltete Hochaltar. Kostbarstes Ausstattungsstück jedoch ist Tizians ausdrucksstarkes Gemälde der Laurentius-Marter in der ersten Kapelle des linken Seitenschiffs. *Campo dei Gesuiti | Mo–Fr 10–12 und 16–19, im Winter 10–18 Uhr | Anleger: Fondamente Nove |* ⏱ *30 Min. |* ▥ *K3–4*

41 SANTA MARIA DEI MIRACOLI

Zum Glück wurde diese schöne Renaissancekirche in den 1990er-Jahren renoviert! Jetzt kommt ihre ungewöhnliche Fassade mit verschiedenfarbigen Marmorplatten wieder toll zur Geltung. Auch drinnen gibts den Boah-Effekt: Die kostbaren filigranen Steinmetzarbeiten, die den gesamten Innenraum überziehen, sind ein echter Hingucker. *Mo 10.30–16, Di–Sa 10.30–16.30 Uhr | Anleger: Rialto |* ⏱ *30 Min. |* ▥ *K5*

SAN POLO & SANTA CROCE

Von diesem westlich der Rialtobrücke gelegenen Kerngebiet aus begann die Stadt vor über 1000 Jahren zu wachsen.

CANNAREGIO

Canale delle Sacче

Fond. Contarini

Fond. San Girolamo

Fondamenta de la Sensa

Fond. degli Ormesini

39 Madonna dell'Orto

38 Ghetto

Fond. de Cannaregio

Fond. della Misericordia

Rio terà Farsetti

Rio terà San Leonardo

Sacca della Misericordia

Fondamenta Nove

Chiesa dei Gesuiti 40

Canal Grande

Riva de Biasio

Strada Nova

Santa Maria dei Miracoli 41

300 m
328 yd

Das alte Händler- und Bankenviertel am Canal Grande hat an Geschäftigkeit kaum etwas eingebüßt: Das reiche Angebot an Läden, der Fisch-, der Obst- und Gemüsemarkt machen einen Bummel zu einer Wallfahrt der Sinne. Wegen zahlreicher Paläste und Kirchen, allen voran Santa Maria Gloriosa dei Frari, die ihr benachbarte Scuola Grande di San Rocco sowie die Museen am Canal Grande, sind die beiden Bezirke zudem ein zentrales Revier für Kunstfreunde. Am schönsten beobachten lässt sich das emsige Treiben bei einem Cappuccino oder einer *ombra* auf dem Campo San Polo oder im dank etlicher schicker Lokale wieder belebten Bereich zwischen Pescheria und Rialto.

42 PONTE DI RIALTO ★

Jaaaaa, die ehrwürdige Brücke aus dem 16. Jh. hat eine Schönheitskur bekommen, die 2016 abgeschlossen wurde. Renzo Rosso, Gründer des Jeanslabels Diesel, hat sich nicht lumpen lassen und 5 Mio. Euro locker gemacht, um die Brücke aller Brücken zu restaurieren. Das Ergebnis: die 300 Stufen, fast 400 Steinsäulen und noch viel mehr Pflastersteine sind wieder blitzblank. Und statt billigem Ramsch wird hier jetzt wieder edler Schmuck verkauft. So wie früher: Viele Jahrhunderte lang befand sich hier das Geschäftszentrum der Handelsmetropole. Hier löschten Fernhändler ihre Waren, hier hatten die wichtigsten Banken und Handelshäuser ihren Sitz. Und bis in die Mitte des 19. Jhs. bildete sie den einzigen Fußgängerweg über den Canal Grande. *Anleger: Rialto |* 🗺 *J6*

43 PALAZZO MOCENIGO

Gleich hinter der Ca' Pesaro und der Kirche San Stae gibt dieser Prachtpalast aus dem frühen 17. Jh. mit seinen Möbeln, Lüstern, Textilien und anderen Dekorobjekten eine gute Vorstellung vom Glanz, in dem der Adel seinerzeit zu schwelgen pflegte. In einem Teil der Prunkräume ist heute das Studienzentrum für Textil- und Modegeschichte untergebracht. *April–Okt. Di–So 10.30–17, Nov.–März 10–16 Uhr | Anleger: San Stae |* ⏱ *1½ Std. |* 🗺 *G4–5*

44 CAMPO SAN GIACOMO DELL'ORIO 🐮

Ein verträumter, kleiner Platz mit Bäumen: echt selten in Venedig.

INSIDER-TIPP
Magische Momente

Drüber weg oder drunter durch: Die Rialtobrücke ist Pflicht

<mark>Und dazu eine 1000 Jahre alte Kirche. Das hat was!</mark> Lass dir aber auch einen Blick in die Kirche *San Giacomo dell'Orio (Mo–Sa 10.30–16.30 Uhr)* nicht entgehen. Sie wurde immerhin schon im 9. Jh. gegrundet und dann mehrfach erweitert – immer im Stil der jeweiligen Kunstepoche. Herausgekommen ist ein witziger Stilmischmasch. Danach noch Lust auf ein Glas Wein? Bei gutem Wetter stellt die Weinbar *Al Prosecco (So geschl.)* Tische raus – herrlich! | *Anleger: Riva di Biasio* | *F5*

45 CAMPO SAN POLO

Riesig ist dieser Platz im Herzen von San Polo und schön für eine Pause – sei es kostenlos auf einer der Bänke oder bei einem Getränk in einem der netten Straßencafés. *Anleger: San Silvestro* | *G6*

46 CASA GOLDONI

Das Geburtshaus des Theaterschriftstellers Carlo Goldoni, der so eine Art italienischer Willy Millowitsch des 18. Jhs. war. Die Leute brüllten vor Lachen über seine Komödien rund um den Geizkragen Pantalone und den schussligen Diener Arlecchino. Reich wurde er mit dem Schreiben aber nicht. So musste er nebenher in seinem Beruf als Anwalt Geld verdienen. Später wurde er Italienischlehrer am französischen Hof, womit er eigentlich ausgesorgt gehabt hätte – wenn da nur nicht die Französische Revolution gewesen wäre: Goldoni, der heute als erster Vertreter des modernen italieni-

Zu Besuch beim „Willy Millowitsch des 18. Jhs.": Casa Goldoni

schen Theaters gilt, starb verarmt in Paris. *Rio Terà dei Nomboli 2794 | April–Okt. Do–Di 12–17, Nov.–März 10–16 Uhr | carlogoldoni.visitmuve.it | Anleger: San Tomà | ⏱ 30 Min. | 🗺 G6–7*

47 FRARI ⭐

Die „Frari", wie Santa Maria Gloriosa dei Frari meist kurz genannt wird, ist neben der Dominikanerkirche Santi Giovanni e Paolo die zweite große gotische Bettelordenskirche der Stadt. Im Kontrast zu der sich selbst auferleg-

ten Bescheidenheit und zu den sehr schlichten Außenmauern stellten ihre Bauherren, die Franziskaner, ihren Einfluss im Innenraum nicht gerade unter den Scheffel. Im enormen Langhaus fällt die Grabpyramide des Bildhauers Antonio Canova ins Auge. Vis-à-vis befinden sich das Grab Tizians und dessen sogenannte Pesaro-Madonna. In den Chorkapellen bzw. der Sakristei hängen kostbare Altarblätter von Bartolomeo Vivarini und Giovanni Bellini, steht eine Johannes-Skulptur von Donatello und liegt der Komponist Claudio Monteverdi bestattet.

Den unwiderstehlichen Blickfang bildet aber die über dem Hochaltar schwebende Assunta („Mariä Himmelfahrt"), ein Geniestreich Tizians, der durch seine grandiose Farbgebung und die zur Entstehungszeit völlig neuartige, dramatisch himmelwärts strebende Komposition der Malkunst gegen Ende der Renaissance bereits den Weg in Richtung Barock wies. *Mo–Sa 9–18, So 13–18 Uhr | Anleger: San Tomà | 🗺 F6*

48 SCUOLA GRANDE DI SAN ROCCO

Wem in diesem Versammlungshaus nicht der Atem stockt, den kann wohl kein Kunstwerk der Welt mehr begeistern. Mit nicht weniger als 56 Gemälden hat Jacopo Robusti, genannt Tintoretto, gegen Ende des 16. Jhs. in 18 Jahren die Wände und Decken dieses dem Pestheiligen Rochus geweihten Gebäudes geschmückt. Der große Saal im Obergeschoss zählt dank seiner makellosen Proportionen und der grandiosen Kassettendecke zu den kostbarsten Räumen in ganz Italien. Kaum minder beeindruckend: die angrenzende Herberge *(Sala dell'Albergo)* mit Tintorettos 1565 entstandener „Kreuzigung". Sehr sehenswert sind auch die acht großformatigen Gemälde zum Leben Marias an den Wänden der etwas düsteren Eingangshalle im Erdgeschoss. Vor ein paar Jahren hat die *Scoletta di San Rocco (tgl. 9.30–18 Uhr),* die „kleine Schule", gegenüber der großen ihre Pforten geöffnet. Sehr charmant, wenn auch ungleich bescheidener ausgestattet, wird sie für interessante Wechselausstellungen genutzt. Ebenfalls nicht versäumen: die Kirche *San Rocco (tgl. 9.30–17.30 Uhr)* nebenan mit ihren herrlichen Tintoretto-Bildern. *Tgl. 9.30–17.30 Uhr | scuolagrandesanrocco.it | Anleger: San Tomà |* ⏱ *2 Std. |* 🗺 *E–F6*

DORSODURO

Venedigs „harter Rücken", das *sestiere* im Südwesten der Altstadt, präsentiert sich auf seinem zentralen Platz, dem Campo Santa Margherita, und in den umliegenden Gassen mit einer reizvollen Mischung aus dörflicher Provinzialität (tagsüber) und – dank der nahen Universität – studentenszeniger Dynamik (abends).

An seinen Rändern, vor allem auf der dem Bezirk zugehörigen, im Süden vorgelagerten Insel Giudecca und ganz im Westen, nahe dem Hafen, werden die proletarischen Traditionen der Stadt sicht- und spürbar. Die verlassenen Industrieflächen sehen teils düster aus, teils werden sie für neue

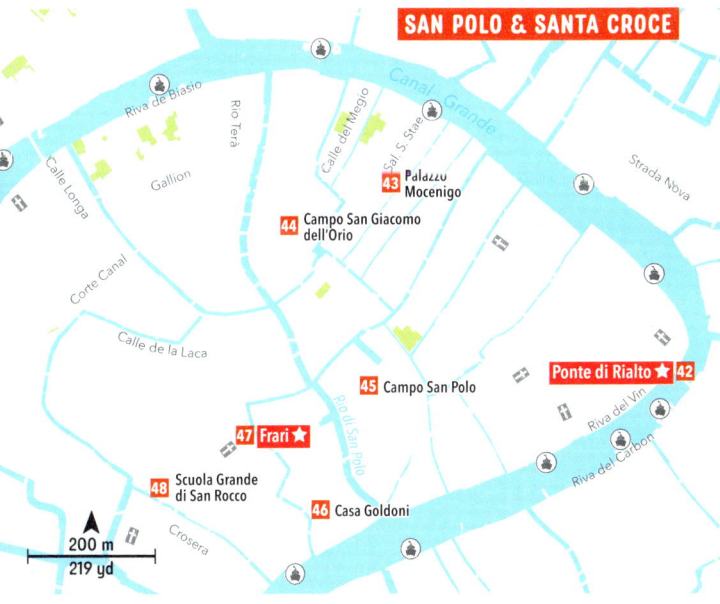

SAN POLO & SANTA CROCE

43 Palazzo Mocenigo

44 Campo San Giacomo dell'Orio

45 Campo San Polo

Ponte di Rialto ★ 42

47 Frari ★

48 Scuola Grande di San Rocco

46 Casa Goldoni

200 m
219 yd

Nutzungen bereit gemacht. Der Strukturwandel ist auch in Venedig im Gang und es gibt eine kreative Szene, die Platz braucht. Den hat sie hier.

Auf der 🚩 *Zattere,* der Uferpromenade entlang dem Giudeccakanal, lässt sich speziell in der kühlen Jahreszeit beim Spazieren herrlich Sonne tanken. Der Blick über das Wasser zu den Palladio-Kirchen ist ein Traum. Weiter östlich, zwischen Accademia-Museum, Guggenheim-Galerie und Salute-Kirche, schlagen die Herzen von Kunstliebhabern besonders hoch. Unbedingt einen Abstecher wert ist – nicht nur wegen des phänomenalen Panoramablicks vom Campanile – die Klosterinsel San Giorgio Maggiore – mehr dazu im Palladio-Spaziergang im Kapitel „Erlebnistouren".

INSIDER-TIPP
Flaniermeile par excellence

49 SAN PANTALON 👁

Hinter der ziemlich schlichten, um nicht zu sagen nackten Fassade wartet ein gigantisches, aus 40 Leinwandelementen zusammengesetztes Deckenbild, das einem im doppelten Sinn den Kopf verdreht. Gian Antonio Fumiani hieß der Mann, der das barocke Kolossalwerk Ende des 17. Jhs. in 24-jähriger (!) Arbeit schuf. *Mo–Sa 10–12 und 13–15 Uhr | Anleger: San Tomà |* ⏱ *30 Min. |* 🗺 *E7*

INSIDER-TIPP
Wenig bekannte Sensation

50 CAMPO SANTA MARGHERITA

Der lang gestreckte Hauptplatz des Bezirks Dorsoduro bietet stimmungsmäßig eine merkwürdige Mischung:

Zum einen ist er Venedigs wohl volkstümlichster Campo – mit Fisch- und Obstmarkt, Weinausschank und einem geradezu dörflich anmutenden Alltagsleben. Zum anderen liegt er inmitten der höchst lebendigen Jugend- und Studentenszene, die hier zwischen Campo San Pantalon im Norden und Rio di San Barnaba im Süden in zahlreichen Bars, Pubs und Kleinkunstbühnen die Nacht zum Tag macht.

Die meist nur Carmini genannte Kirche *Santa Maria dei Carmini (Mo–Sa 7–12 und 14.30–19, So 8.30–12 und 14.30–19 Uhr)* des Karmeliterordens bildet mit der zugehörigen, von Giambattista Tiepolo ausgeschmückten *Scuola Grande dei Carmini (tgl. 11– 17 Uhr | scuolagrandecarmini.it)* den südwestlichen Abschluss des Campo. Hinter ihrer Backsteinfassade, zu Füßen ihres bedrohlich windschiefen Barockcampaniles, sind im zweiten Wandaltar eine wunderschöne „Anbetung der Hirten" von Cima da Conegliano und, im Altar gegenüber, ein hl. Nikolaus von Lorenzo Lotto zu bewundern. In der Scuola werden mehrmals monatlich Opern in historischen Kostümen aufgeführt *(musicainmaschera. it). Anleger: San Basilio, Ca' Rezzonico |* 🗺 *E7*

51 SAN SEBASTIANO

Wer die heiter-üppigen Bilder Paolo Veroneses und deren leuchtende Farben liebt, dessen Herz wird hier höher schlagen. Denn die auf den ersten Blick recht schlichte Kirche birgt gewissermaßen das künstlerische Vermächtnis des Malgenies: Sämtliche Deckenbilder wie auch die Wandma-

Den Rio di San Barnaba in Dorsoduro überspannt der Ponte dei Pugni

lereien und das Hochaltarblatt stammen von ihm – und unter der Orgel fand er selbst seine letzte Ruhestatt. *Mo 10.30–16, Di–Sa 10.30–16.30 Uhr | Anleger: San Basilio | ⏱ 45 Min. | ▥ D8*

52 PONTE DEI PUGNI

Diese Brücke beim Campo San Barnaba war bis vor einigen Jahren noch eine der wenigen ohne Geländer. Heute kann man auch von ihr nicht mehr so leicht in den Rio di San Barnaba fallen, den sie überquert. Schon wesentlich länger ist Schluss mit dem Spektakel, das der Brücke ihren Namen gab: Brücke der Fäuste. Bis ins 16. Jh. hinein lieferten sich hier rivalisierende Fraktionen der Stadt Faustkämpfe. Es gewann die Mannschaft, die die Gegner komplett von der Brücke boxte. *Anleger: Ca' Rezzonico | ▥ E8*

53 GALLERIA DELL'ACCADEMIA ★ ⚑

Bellini, Carpaccio, Giorgione, Tintoretto, Tizian, Veronese, Canaletto, Longhi, Mantegna, Lotto, Piazzetta und Tiepolo … Kaum ein prominenter Repräsentant der mehr als 500-jährigen Geschichte der venezianischen Malerei, der in diesem am Südufer des Canal Grande gelegenen Museum nicht vertreten wäre. Kein Wunder, dass diese Gemäldegalerie zu den bedeutendsten der Welt zählt. Lass dich von den Besucherschlangen, die sich gelegentlich vor der neoklassizistischen Fassade bilden, nicht abschrecken: Was die Geduldigen in den zwei Dutzend Sälen des geräumigen, aus der ehemaligen Kirche, dem Kloster und der Scuola della Carità gebildeten Gebäudekomplexes erwartet, lohnt längeres Warten absolut. Noch besser: Reservier eine Karte mit Termin *(Tel. 04 15 20 03 45)* – das kostet zwar 1,50 Euro extra, erspart dir jedoch das Warten.

Falls du nicht den halben Tag im Museum verbringen willst, schau dir diese Highlights an: Gentile Bellinis „Wunder der Kreuzreliquie", Vittore Carpaccios Bilderzyklus zur „Ursula-Legende", Giorgiones „Gewitter" und „Die Alte", diverse alttestamentarische Szenen und Heiligenporträts von Tintoretto und Paolo Veronese, Alltagsszenen von Pietro Longhi, Landschafts- und Stadtansichten von Canaletto und Francesco Guardi. Und schließlich Tiziano Vecellio alias Tizian: Der Gigant unter den Großmeistern der Renaissance ist u. a. mit einem wunderbaren „Johannes der Täufer", seinem letzten Werk, der Pietà, und mit dem „Tempelgang Mariae" vertreten, das sich als einziges von Tizians Bildern noch an jenem Platz befindet, für den es geschaffen wurde. *Di–So 8.15–19.15, Mo 8.15–14 Uhr | gallerieaccademia.it | Anleger: Accademia |* 🕐 *2 Std. |* 🗺 *F9*

54 PONTE DELL'ACCADEMIA

Eigentlich war diese Holzbrücke nur als Provisorium gedacht, als man 1932 durch sie eine für den Vaporettoverkehr mittlerweile viel zu niedrige Vorgängerin über den Canal Grande ersetzte. Doch wie das mit Übergangslösungen oft so ist: Die Venezianer haben sich an das Vorläufige längst gewöhnt, möchten es nicht mehr missen und genießen gemeinsam mit den zugereisten Stadtflaneuren den wunderbaren Blick von der Brücke kanalabwärts bis zur Salute-Kirche und in die Gegenrichtung bis zum Palazzo Balbi an der Mündung des Rio Foscari. *Anleger: Accademia |* 🗺 *F–G 8–9*

Einst als Provisorium errichtet, ist der Ponte dell'Accademia längst fester Teil des Stadtbilds

DORSODURO

49 San Pantalon

50 Campo Santa Margherita

Ponte dei Pugni
52

Calle Contarini

Calle Lunga de San Barnaba

C. dei Cerchieri

51 San Sebastiano

Campo Sant' Angelo

Campo Santo Stefano

53 54 Ponte dell'Accademia

Galleria dell'Accademia ★

55 Collezione Peggy Guggenheim

Rio terà ai Saloni

Fond. Zattere al Ponte Longo

57 Gesuati

56 Magazzini del Sale

Canale della Giudecca

Fond. San Biagio

Fond. de le Convertite

Calle del Corder

Fondamenta San Giacomo

58 **Giudecca** ★

Calle San Giacomo

250 m
273 yd

55 COLLEZIONE PEGGY GUGGENHEIM

Ob Kubisten oder Surrealisten, Action-painter oder Abstrakte – es gibt wohl keine Strömung der klassischen Moderne, die Peggy Guggenheim, reiche Erbin und Kunstenthusiastin, in ihrem Palazzo Venier dei Leoni nicht zusammengetragen hat. Dementsprechend präsentiert sich der flache Bau als ein Mekka der Kunst des 20. Jhs. Zu den Maler- und Bildhauergrößen, deren Werke hier versammelt sind, zählen Joan Miró, René Magritte, Henri Matisse, Henry Moore, Piet Mondrian, Wassily Kandinsky, Georges Braque, Paul Klee, Jackson Pollock und viele weitere. Im Museumsshop gibt es tolle Poster und Kunstbücher, Schreibzubehör und Postkarten – es macht Spaß, hier ausgiebig zu stöbern! *Mi–Mo 10–18 Uhr | guggenheim-venice. it | Anleger: Accademia, Salute |* ⏱ *1½ Std. | ☲ G9*

56 MAGAZZINI DEL SALE

Das neueste und modernste Museum im Bezirk wurde in einem ehemaligen Salzspeicher eingerichtet. Gezeigt werden Werke des 2006 gestorbenen Emilio Vedova, eines gefeierten abstrakten Expressionisten. Da der Platz knapp ist, hat sich Architekt Renzo Piano, der mit Vedova befreundet war, was Spezielles ausgedacht:

INSIDER-TIPP
Wechsel-ausstellung wörtlich genommen

Die Werke werden mehrmals täglich vollautomatisch ausgewechselt. *Fondamenta Zattere 50 | Mi–So 10.30–18 Uhr | fondazionevedova.org | Anleger: Spirito Santo | ⌖ H10*

57 GESUATI

Eine Stippvisite während des Bummels über den malerischen Zattere-Kai lohnt dieser vom großen venezianischen Rokoarchitekten Giorgio Massari entworfene Sakralbau mit seinen schönen Deckenfresken von Giambattista Tiepolo und Altarbildern von Tintoretto, Giovanni Battista Piazzetta und Sebastiano Ricci. *Mo–Sa 10.30–16.30 Uhr | Anleger: Zattere | ⌖ F9*

58 GIUDECCA ★

Eigentlich besteht diese der Altstadt südlich vorgelagerte Insel aus acht miteinander verbundenen Eilanden. Im Mittelalter lebten hier die aus der Stadt verbannten *giudei*, die Juden – daher vermutlich der Name. Später bauten reiche Venezianer hier ihre Sommervillen, im 19. Jh. schließlich ließen sich Gewerbe und Industrie nieder. Heute besucht man den verwaltungstechnisch zu Dorsoduro zäh-lenden Stadtteil vor allem der beiden Palladio-Kirchen Redentore und Zitelle wegen. Betuchte Reisende logieren in der Fünfsterneherberge Cipriani an der Ostspitze. Die ehemalige Kornmühle Molino Stucky im Westen ist als luxuriöses Hilton-Hotel wiederauferstanden. *Anleger: Zitelle, Redentore, Palanca | ⌖ C–K 10–12*

INSELN

Keine Erkundung Venedigs ist komplett ohne Ausflug zu zumindest zwei, drei der dem *centro storico* vorgelagerten Inseln.

Schon die Anfahrt im Vaporetto ist dank der Ausblicke über die Lagune ein unvergessliches Erlebnis. Als Klassiker gilt der Besuch eines der traditionsreichen Glasbläserateliers auf der keine 15 Bootsminuten entfernten Insel Murano. Auf dem Weg dorthin empfiehlt sich ein Zwischenstopp auf dem Friedhofseiland San Michele. Weiter nordöstlich liegen Burano, berühmt für seine gestickten Spitzen, und Sant'Erasmo.

59 SAN SERVOLO

10 Min. mit Linie 20 ab San Zaccaria

Auf der kleinen Insel vor dem Lido wurden einst die *pazzi clamorosi,* also „gefährliche Verrückte", untergebracht. Die psychiatrische Anstalt wurde 1978 geschlossen, die Insel verwaiste. Inzwischen

INSIDER-TIPP
Nur für Hartgesottene

kann man das alte *manicomio,* die Psychiatrie, besichtigen und im *Mu-*

seo del Manicomio (*Mo–Fr 10.45 und 14 Uhr | museomanicomio.servizimetropolitani.ve.it | ⊙ 1 Std.*) mehr über haarsträubende Behandlungsmethoden für Geisteskrankheiten erfahren. Achtung: Zwangsjacke und Elektroschocktherapie sind nur die sanftesten Methoden! *Anleger: San Servolo |* 🚻 *0*

🚻 LIDO

15 Min. mit Linie 1 ab San Zaccaria

Der 12 km lange und 200–1700 m schmale Sandstreifen, der die Lagune von der Adria trennt, schützt die Stadt vor Stürmen und Fluten. Seit dem 19. Jh. dient er ihren Bewohnern als Erholungsgebiet und ausländischen Gästen als Seebad. In der touristischen Frühzeit frönten vornehmlich Europas Blut- und Geldadel sowie privilegierte Künstler dem Dolce Vita entlang dem feinsandigen Strand; prächtige Villen, Parkanlagen und Hotels zeugen davon. Das schönste ist das 1900 erbaute Grand Hotel des Bains, das Thomas Mann zu „Tod in Venedig" inspirierte. Luchino Viscontis tolle Verfilmung dieser Novelle spielt hier und auch „Der englische Patient" wurde im Des Bains gedreht. 2010 war dann Feierabend, das Hotel wurde geschlossen und bröckelt seitdem hinter einem hohen Wellblechzaun vor sich hin. Eine Investorengruppe wollte es zu Luxuswohnungen umbauen, jetzt ist von einer Neueröffnung als Hotel die Rede, aber das kann dauern. Wenigstens der *Palazzo del Cinema* aus den 1930er-Jahren wurde restauriert und um einen Saal erweitert. Hier finden Anfang September Venedigs glamouröse Filmfestspiele statt.

Das aristokratische Flair ist weitgehend verschwunden. Geblieben ist die Atmosphäre und Infrastuktur für

Auch das ist Venedig: Beachlife am Strand des Lido und im Wasser der Adria

INSELN

unbeschwerte Ferientage am Meer. Auf Sonnenhungrige und Wasserratten warten in Gehdistanz vom Ende des Viale Santa Maria Elisabetta, der Hauptstraße, gepflegte Strandanlagen samt einladenden Pizzerien, Eisdielen und Bars. Nachtschwärmer finden mehrere Discos, Hobbysportler Ruder- und Segelclubs und über den ganzen Lido sowie die südlich angrenzende Insel Pellestrina spannt sich ein Netz an Fahrradwegen.

Nahe der Nordspitze des Lido lohnt der alte jüdische Friedhof *Antico Cimitero Ebraico (April–Okt. nach Anmel-*dung | Tel. 041 71 53 59) die Besichtigung und, ganz in der Nähe, der Flughafen *Aeroporto Nicelli,* ein Architekturjuwel im Bauhausstil.

Wer will, kann ganz im Südwesten von Ca' Roman aus, einem kleinen Naturschutzgebiet, die Fähre besteigen und anschließend mit dem Bus oder, erlebnisreicher, per Mietrad (Verleih an der Vaporettostation Lido, *lidoonbike. it*) bis Chioggia fahren. Doch genau genommen gehört dieses bunte, quicklebendige Fischerstädtchen nicht mehr zu Venedig, orientiert sich mehr zum Festland und zum Meer hin als in die Lagune. *Anleger: Lido, San Nicolò* | ⊞ *0*

61 CIMITERO DI SAN MICHELE ★ 🐾

6 Min. mit Linie 4.1 oder 4.2 ab Fondamente Nove

Auf halbem Weg nach Murano liegt Venedigs Friedhofsinsel. Hinter ihrer Backsteinmauer ruhen zwischen Zypressen neben Tausenden namenlosen Venezianern u. a. der Komponist Igor Strawinsky, der Dichter Ezra Pound und der große russische Ballettimpresario Sergej Diaghilew. *Tgl. 7.30–18 (Winter bis 16) Uhr | Anleger: Cimitero* | ⊞ *M–N 1–3*

62 SANT'ERASMO

28 Min. mit Linie 13 ab Fondamente Nove

4,4 km lang und 1,2 km breit: Die Insel des hl. Erasmus ist Venedigs Gemüsegarten. Hier wachsen seltene violette Artischocken und grüner, ganz dünner Spargel. Man wandert über die eine Straße, die die Insel umrundet und praktisch autofrei ist, und durch Wiesen und Felder, die von kleinen Kanälen bewässert werden. Oder leiht sich ein Rad bei *Il Lato Azzurro (Via dei Forti 13 | latoazzurro.it),* einer Kooperative, die auch ein einfaches Hotel mit Restaurant auf der Insel betreibt. Besuch auch den *Orto di Venezia (Via delle Motte 1 | ortodivenezia.com),* das Weingut eines eigenwilligen Franzosen, der hier als Erster wieder begonnen hat, Wein anzubauen, und mach eine (Bade-)Pause an der *Spiag-*

INSIDER-TIPP
Wein von der Gemüseinsel

gia del Bacan an der Südwestspitze der Insel. *Anleger: Capannone* | ⊞ *0*

63 MURANO ★

10 Min. mit Linie 4.1, 4.2 oder 13 ab Fondamente Nove

Berühmt ist der aus fünf Inseln bestehende, seit rund 1400 Jahren besiedelte Ort (heute knapp 7000 Ew.) wegen seiner Glasindustrie. Unbedingt zu empfehlen ist deshalb der Besuch in einem der Ateliers sowie im *Museo del Vetro (tgl. 10–18, Winter bis 17 Uhr | Anleger: Museo | ⏱ 1 Std.).* Anhand von mehr als 4000 Objekten dokumentiert es die 1000-jährige Geschichte der Glasbläserei auf Murano. Für Kunstfreunde interessant sind die romanische ehemalige *Kathedrale Santi Maria e Donato (Mo–Sa 9–18, So 12.30–18 Uhr)* mit ihrer zweistöckigen Arkadenwand im Chorbereich und dem originalen Mosaikfußboden und die Kirche *San Pietro Martire (Mo–Fr 9–17.30, Sa/So 12–17.30 Uhr),* in der eines der Hauptwerke Giovanni Bellinis hängt. *Verschiedene Anleger* | ⊞ *P–S 1–4*

64 BURANO 🚩

42 Min. mit Linie 12 ab Fondamente Nove

Hier ist alles bunter, kleiner, hutzliger als in Venedig. Die Insel, die für ihre gestickten Spitzen *(merletti)* weltberühmt ist, macht einfach gute Laune mit ihren leuchtenden Häuserfassaden. Die schönste ist die kunterbunte *Casa di Bepi Suà.* Wenn neben Spaziergang und einem Drink am Wasser noch Zeit bleibt, besuch das *Museo del Merletto (Di–So 10–17, Sommer bis 18 Uhr). Anleger: Burano* | ⏱ *1 Std.* | ⊞ *W–X 1–2*

ESSEN & TRINKEN

Gut essen zu fairen Preisen – das geht überall in Italien leicht, aber nicht in Venedig. Denn allein mit der Laufkundschaft machen viele Restaurants so einen Reibach, dass es nicht wichtig ist, ob der Gast zufrieden war.

Klar gibt es Küchenchefs, die mit den frischen Produkten von den Gemüseinseln und all dem, was die Lagune und das Meer zu bieten haben, phantasievolle Kreationen zaubern, aber die haben eben ihren Preis. Andererseits: Lohnt es sich, zu sparen und sich dann über ein lieblos auf den Teller gepapptes *menù turistico* zum überteuer-

Ein Spritz geht natürlich immer. Wer's richtig klassisch venezianisch will, trinkt eine *ombra*

ten Festpreis zu ärgern? Nein! Also, besser mehr fürs Essen ausgeben, aber dafür Venedigs kulinarische Spezialitäten kennenlernen. Das sind die sauer eingelegte Sardinen, Nudeln mit Venusmuscheln und mit Milch und Brühe herrlich cremig gerührter Stockfisch. Und wenn das Geld knapp wird, dann gibt es immer noch die vielen *bacari* (die Betonung liegt auf dem ersten a), wo kleine Häppchen zum Wein serviert werden, kostenlos oder für wenige Euros. Diese venezianischen Tapas heißen *cicchetti* und sind auch als Snack zwischendurch tausendmal besser als Fast Food.

WO VENEDIG ISST

FONDAMENTA DELLA MISERICORDIA
Kleine Weinbars und nette
Osterien in Cannaregio

L a g u n a

V e n e t a

Sant' Alvise

Madonna dell'Orto

Fondamenta San Girolamo

Fondamenta de la Sensa

Fond. degli Ormesini

Fondamenta de Cannaregio

Fond. de la Misericordia

Fondamente Nove

Guglie

Gam-Gam ★

Strada Nova

BEIM ANLEGER CA' D'ORO
Urige bacari mit
rustikaler Küche

Riva de Biasio

S. Stae

Venezia
Santa Lucia

Ca' d'Oro

Strada Nova

RUND UM DEN RIALTOMARKT
Von Häppchen zu
Häppchen durch die
angesagten Bars ziehen

Do Mori ★

Rialto Mercato

Naranzaria ★

Riva del Vin

Rialto

Riva del Carbon

Crosera

C. Contarini

Piazza
San Marco

Campo
Santo
Stefano

San Marco

Bacino

FONDAMENTA MANIN AUF MURANO

Fischrestaurants von günstig bis teuer

Ⓘ Colonna

MARCO POLO HIGHLIGHTS

★ **DO MORI**
Ein Gläschen Wein in Venedigs ältester Weinschenke solltest du dir gönnen ➤ S.68

★ **NARANZARIA**
In dem Gourmettreff bis spätabends direkt am Canal Grande sitzen ➤ S.67

★ **CORTE SCONTA**
Famose Fischgerichte im touristischen Off ➤ S.71

★ **GAM-GAM**
Das ist doch mal was anderes: koschere Küche und israelische Weine am passenden Ort ➤ S.75

Cimitero di San Michele

Corte Sconta ★ 📍

250 m
273 yd

Ob Feinschmeckertreff oder Trattoria, die Speisenfolge eines klassischen Menüs ist immer gleich.

Den Anfang machen die Vorspeisen *(antipasti).* Es folgen als *primo piatto* (erster Gang) eine Suppe, ein Pastagericht oder ein Risotto. Der Hauptgang *(secondo piatto)* besteht in der Regel aus einem Fisch- oder Fleischgericht samt Gemüse- oder Salatbeilage *(contorno),* die jedoch immer extra bestellt werden muss. Den Abschluss bilden ein Dessert *(dolce)* und/ oder Obst. Dazu trinkt man Wein *(vino),* und zwar oft den Hauswein *(della casa),* und zum Durstlöschen Wasser aus der Karaffe.

Zu Mittag haben die Küchen meist von 12 bis circa 14.30 Uhr Betrieb, am Abend von 19 bis etwa 22 Uhr. Für Brot und Gedeck *(pane e coperto)* wird so gut wie immer ein Zusatzsümmchen von 1 bis 3 Euro berechnet, hier und da auch mehr. Trinkgeld *(servizio)* ist je nach Vermerk in der Karte bereits inbegriffen oder in der Höhe von ungefähr fünf bis zehn Prozent extra zu bezahlen – wenn du mit dem Service zufrieden warst.

BACARI, BARS & OSTERIEN

In diesen eher schlicht möblierten, aber umso gemütlicheren Weinschenken treffen sich die Einheimischen, um – meist im Stehen – ein paar delikate Häppchen, die *cicchetti,* einzuschieben oder – im Fall der Osterien – eine richtige Mahlzeit und dazu eine *ombra* zu kippen, das aus dem Alltag nicht wegzudenkende Gläschen Weißwein.

CANTINE DEL VINO GIÀ SCHIAVI

Sage und schreibe 70 Rezepte für *cicchetti* hat die Küchenchefin dieses alteingesessenen *bacaro* inzwischen kreiert, an die 50 bereitet sie jeden Morgen frisch zu: Klassiker wie Stockfischcreme, aber auch süßsaure Kombinationen. Hinsetzen geht nicht, aber sehr romantisch ist es, sich mit einem gut gekühlten Pinot grigio und einem voll gepackten Teller auf die Brückenstufen gegenüber dem Lokal niederzulassen. *So und ab 20.30 Uhr geschl. | Fondamenta Nani 992 | Tel. 04 15 23 00 34 | cantinaschiavi.com | Anleger: Accademia | Accademia | F9*

INSIDER-TIPP
Ein Prost auf der Brücke

DA ALBERTO

Mehr Venedig geht nicht. Bei Alberto kommen die typischen Gerichte wie *sarde in saor* oder *baccalà mantecato* genau so auf den Tisch, wie sie auch die Venezianer zu Hause zubereiten. *Tgl. | Calle Giacinto Gallina 5401 | Tel. 04 15 23 81 53 | osteriadaalberto.it | Anleger: Ospedale | Castello | L5*

AMERICAN BAR

Hinsetzen kann man sich hier leider nicht. Dafür ist die Lage auf dem Markusplatz direkt unterm Uhrturm unschlagbar, die Auswahl an Brötchen und Drinks ausgezeichnet und das Preisniveau – vor allem im Vergleich mit den sündteuren Nobelcafés rundum – wohltuend moderat. Und um das einzigartige Panorama zu genießen, kann man sich ja auch in die Sonne vor das Lokal stellen. *Tgl. | Anleger: San Marco | San Marco | K7*

Frisch vom Fischmarkt nebenan: Sushi und Sashimi im Naranzaria

TRATTORIA DALLA MARISA

Eine Karte gibts hier nicht, stattdessen ein Tagesmenü und basta. Aber was für eins: drei Vorspeisen, Pasta, Hauptgericht (Fleisch oder Fisch), Nachtisch – wow! Kein Wunder, dass neben den Bauarbeitern und Bootsführern auch der ein oder andere Conte zum Mittagessen vorbeikommt. Alle sitzen eng beieinander, der Ton ist rau, aber ehrlich. *Mo-Abend und Di-Abend geschl. | Calle Canna 652b/Fondamenta San Giobbe | Tel. 041 72 02 11 | Anleger: Tre Archi | Cannaregio | ▥ D2*

ANTICO CALICE

Gleich um die Ecke des belebten Campo San Bartolomeo eine Osteria wie aus dem Bilderbuch mit extrem reicher Auswahl an klassischen Spezialitäten und guten Weinen. Hier gehen sowohl junge Einheimische hin als auch Besucher, die sich auskennen. *Tgl. | Calle dei Stagneri 5228 | Tel. 04 15 20 97 75 | anticocalice.it | Anleger: Rialto | Rialto | ▥ J6*

NARANZARIA ★

Die Edelkneipe im Szeneviertel zwischen Fischmarkt und Rialtobrücke serviert pikante Häppchen, aber auch Hauptspeisen, von Carpaccio bis Couscous, außerdem Sushi. Dazu prima Weine aus dem Friaul. Bei gutem Wetter kann man hier bis nach Mitternacht direkt am Canal Grande sitzen. *Nov.–März Mo geschl. | Sotoportego de l'Erbaria 130 | Tel. 04 17 24 10 35 | naranzaria.it | Anleger: Rialto Mercato | Rialto | ▥ J5*

HOSTARIA OSOTTOOSOPRA

Ein paar Freunde haben hier ihren Traum verwirklicht und ein Lokal zum

Wohlfühlen und gut Essen eröffnet. Die Deckenholzbalken und unverputzten Mauern bringen Flair, die Vorspeisen sind raffiniert, die Pasta in Trüffelsauce und die glasierten Rinderwangen schmecken wunderbar. 🐟 Wer online reserviert, kriegt 20 Prozent Rabatt! *Tgl. | Calle San Pantalon 5754 I Tel. 33 38 02 78 30 | osottoosopra.com | Anleger: San Tomà | Frari | 🗺 E7*

OSTERIA BANCOGIRO

Stürz dich ins Getümmel am Fischmarkt, wenn die Büros schließen und die jungen Venezianer hier den Feierabend mit Aperol Spritz oder Prosecco einläuten. In der kleinen, knallvollen Osteria gibt es die leckersten *cicchetti* – du isst sie im Stehen, Ellbogen an Ellbogen mit den Einheimischen. *Mo geschl. | Campo San Giacometto 122 | Tel. 04 15 23 20 61 | osteriabancogiro.it | Anleger: Rialto | Rialto | 🗺 J5–6*

INSIDER-TIPP
Chaos – häppchenweise

DO MORI ⭐

Kult – das älteste *bacaro* Venedigs. Seit mehr als 500 Jahren gibts hier Wein (mehr als 100 Etiketten!) und Snacks, sehr lecker sind die *tramezzini*. Hier muss man drin gewesen sein. Leider dank des Ruhms inzwischen überteuert: Augen zu und durch. *So und ab 20.30 Uhr geschl. | Calle dei Do Mori 429 | Tel. 04 15 22 54 01 | Anleger: Rialto | Rialto | 🗺 H5–6*

AL MERCÀ

Stärkung im Freien auf einem stillen Platz nahe der Rialtobrücke: leckere und originelle Schnittchen, z.B. mit Pferdefleisch, Blumenkohl, Stock- oder Thunfisch. Dazu gute Weine aus dem Hinterland. *So geschl. | Fondamenta Riva Olio 213 | Tel. 39 39 92 47 81 | Anleger: Rialto | Rialto | 🗺 J5*

LA RIVISTA

Stilvolle Wein-und-Käse-Bar im Souterrain des Designhotels Ca' Pisani. Pikante kalte Platten, kleine warme Gerichte, exzellentes Weinsortiment. *Mo geschl. | Rio Terà Foscarini 979 | Tel. 04 12 40 14 25 | Anleger: Accademia, Zattere | Accademia | 🗺 F9*

TEAMO

Köstlichkeiten in schickem Ambiente – gut geeignet für einen feinen Bissen gegen den kleinen Hunger oder für einen gemütlichen Plausch beim Gläschen Wein oder Cocktail. Tipp: die gemischte *cicchetti*-Platte. *Do geschl. | Rio Terà della Mandola 3795 | Tel. 04 15 28 37 87 | teamowinebar.com | Anleger: Sant'Angelo | San Marco | 🗺 H7*

VECIO FRITOLIN

Sehr traditionsreiche Osteria, zum Schlemmen wie auch zum Genuss pikanter *cicchetti* geeignet. Herrliche Fischgerichte! *Mi-Mittag und Di geschl. | Calle della Regina 2262 | Tel. 04 15 22 28 81 | veciofritolin.it | Anleger: San Stae | San Polo | 🗺 H5*

ENOITECA LA MASCARETA

Die nicht so ganz gelungene Shabby-Schick-Einrichtung und der exzentrische Besitzer verleihen dem Laden Unterhaltungswert. Richtig toll ist die

Unsere Empfehlung heute

Antipasti

CARPACCIO
Hauchdünn geschnittenes, rohes
Rinderfilet, mit Zitrone beträufelt und
Parmesanspänen bestreut

SARDE IN SAOR
Gekochte, mit einer Marinade aus
Olivenöl, Essig, Wein sowie Rosinen
und Pinienkernen kalt servierte
Sardinen

FOLPETTI ALLA VENEZIANA
Gekochte Babytintenfische

FIORI DI ZUCCA
Gefüllte und ausgebackene
Kürbisblüten

Primi Piatti

BIGOLI IN SALSA
Spaghetti mit Sardellensauce

RISI E BISI
Reis mit Erbsen

RISOTTO NERO
Mit der Tinte von Tintenfischen
(seppie) zubereiteter und
dementsprechend schwarzer Reisbrei

BROETO
Sämige Fischsuppe

PASTA E FAGIOLI
Eintopf aus dicken Makkaroni mit
dicken Bohnen und viel Olivenöl

Secondi Piatti

BACCALÀ MANTECATO
Paste aus gedünstetem, zerstampftem
Stockfisch mit Knoblauch, Zwiebeln und
Olivenöl

FRITTO MISTO DI MARE
Frittierte Fische und Meeresfrüchte

CAPESANTE GRATINATE
Gratinierte Jakobsmuscheln

CANOCE AL VAPORE
Gedämpfte Heuschreckenkrebse

FEGATO ALLA VENEXIANA
In einem Sud aus Weißwein und
Zwiebeln gebratene Kalbsleber

Dolci

FRITOLE
In Fett ausgebackenen Bällchen mit
Rosinen und Pinienkernen

GALANI
Mit Puderzucker bestäubte,
hauchdünne Gebäckstreifen

INSIDER-TIPP
Mahlzeit, Nachtschwärmer!

Weinauswahl und neben Snacks kriegt man auch spät noch was Deftiges gegen den Hunger. *Mittags geschl. | Calle Lunga Santa Maria Formosa 5183 | Tel. 04 15 23 07 44 | oste maurolorenzon.com | Anleger: Ospedale | Castello | ☐ L6*

CAFÉS & EISDIELEN

ALASKA

Die originellste – und vermutlich kleinste – *gelateria* der Stadt. Die exotischen, absolut ausgefallenen Eissorten, von Spargel bis Artischocke, Lakritz und Maulbeer, schmecken nicht jedem. Aber probieren geht über studieren. *Tgl. 11–23, im Winter 12–22 Uhr, Dez./Jan. geschl. | Calle Larga dei Bari 1159 | Anleger: Ferrovia, Riva de Biasio | Cannaregio | ☐ F5*

CAFFÈ DEL DOGE

Ein Paradies für Koffein-*aficionados* mit Dutzenden Kaffeesorten. Die Bohnen werden frisch gemahlen, das duftet ganz wunderbar. Gleich bei der Rialtobrücke, aber etwas versteckt in einer Gasse. *Mo-Sa 7–19, So (außer Juli/Aug.) 7–13 Uhr | Calle dei Cinque 609 | Anleger: San Silvestro, Rialto | Rialto | ☐ J6*

IMAGINA CAFÈ

Eine super Anlaufstelle rund um den Tag, für eine Cappuccinopause, den schnellen Mittagssnack oder den Aperitif am Abend. Modernes Design und laufend Ausstellungen von Gegenwartskünstlern. *Mo-Do 7–21, Fr/Sa 7–1, So 8–21 Uhr | Rio Terà Canal 3126 | Tel. 04 12 41 06 25 | imaginacafe.it | Anleger: Ca' Rezzonico | Dorsoduro | ☐ E8*

Schon mal Artischocke geschleckt? Oder Ingwer? Das abgedrehteste Eis gibts im Alaska

TORREFAZIONE CANNAREGIO

Das Florian auf dem Markusplatz kennt jeder, dieses historische Kaffeehaus in Cannaregio ist ebenfalls Kult – unter den Einheimischen. Die Preise sind normal und der frisch gemahlene Kaffee hat ein Aroma – wow! *Abends geschl.* | *Fondamenta dei Ormesini 2804* | *torrefazionecannaregio.it* | *Anleger: Sant'Alvise* | *Cannaregio* | *F–G2*

ACQUASTANCA

Die beiden Frauen, die in dem minimalistisch-modernen Restaurant das Zepter schwingen, haben es wirklich drauf. Toll zubereitete Vorspeisen (Oktopussalat, kross angebratene *gamberoni,* cremiger Stockfisch) und die Fischgerichte haben Pfiff. *So und außer Mo und Fr abends geschl.* | *Fondamenta Manin 48* | *Tel. 04 13 19 51 25* | *acquastanca.it* | *Anleger: Murano* | *Murano* | *Q3*

CORTE SCONTA ⭐

Nicht verzweifeln, wenn du es nicht sofort findest, das Lokal liegt in einer stillen Seitengasse. Die Einrichtung macht nicht viel her, aber das Essen ist der Wahnsinn. Eine Speisekarte gibts nicht, die Chefin rattert das Angebot in rasendem Tempo auf Italienisch herunter. Keine Panik: Sag einfach, welche Fische oder Meeresfrüchte du magst oder schau, was die Tischnachbarn auf dem Teller haben, dann kriegst du garantiert ein leckeres Essen. Als Einstieg liegst du mit einem gemischten Vorspeisenteller genau richtig. Doch Vorsicht: Die Qualität hat

ihren Preis! *So/Mo geschl.* | *Calle del Pestrin 3886* | *Tel. 04 15 22 70 24* | *cortescontavenezia.com* | *Anleger: Arsenale* | *Arsenale* | *N8*

LA CARAVELLA

Au Backe, Taue an den Wänden, dunkle Kajütenplanken und manchmal sogar Seesterne als Tischdeko – mehr Klischee geht echt nicht. Aber so ein Captain's Dinner hat was (auch seinen Preis …) Dafür kommen die Kellner ständig angerannt, um Wein nachzuschenken. Man merkt ihnen den Schliff des Nobelhotels an, zu dem das Restaurant gehört. ==Bei gutem Wetter unbedingt einen Tisch im romantischen Garten reservieren!== *Tgl.* | *Calle Larga XXII Marzo 2399* | *Tel. 04 15 20 89 01* | *restaurantlacaravella.com* | *Anleger: Giglio* | *San Marco* | *H8*

> **INSIDER-TIPP**
> **Dinner im Grünen**

DA FIORE

Genug von Fisch und Meeresfrüchten? In diesem Nobelrestaurant gibts eine Riesenauswahl italienischer Käsesorten: frisch, alt, stink-, na ja: würzig duftend. Lass also genug Platz für eine Käseplatte – und das tolle Fruchtsorbet musst du anschließend eigentlich auch testen oder einen der anderen Desserthits. Ach ja: Fisch gibts auch. *So/Mo geschl.* | *Calle del Scaleter 2202* | *Tel. 0 41 72 13 08* | *dafiore.net* | *Anleger: San Stae, San Silvestro* | *San Polo* | *G5*

AI GONDOLIERI

Tolles 40er-Jahre-Ambiente mit dunklem Holz, schwerem Besteck, feinen

Tischdecken: Hierher würde Humphrey Bogart Ingrid Bergman ausführen. Spezialität sind die Gerichte mit weißen Trüffeln. Die angeschlossene Vinothek serviert super Weine. *Tgl. | Calle San Domenico 366 | Tel. 04 15 28 63 96 | aigondolieri.it | Anleger: Salute | Accademia | ▥ G9*

IL RIDOTTO

Maximal 13 Personen haben zwischen den Ziegel- und Spiegelwänden dieses eleganten Edelrestaurants Platz. Denen serviert Gianni Bonaccorsi kulinarische Hochgenüsse der Extraklasse. *Do-Mittag und Mi geschl. | Campo Santi Filippo e Giacomo 4509 | Tel. 04 15 20 82 80 | ilridotto.com | Anleger: San Zaccaria | San Marco | ▥ L7*

ANDRI

Hier stimmt alles: das frisch zubereitete Essen, die vernünftigen Preise, das moderne Ambiente in warmen Farben und die Herzlichkeit des Betreibers Luca. Ein kreativer Kopf: Seine großformatigen Bilder hängen an den Wänden und auch die mundgeblasenen Wassergläser hat er selbst entworfen. Wer das zweite Mal kommt, wird schon wie ein Stammgast begrüßt. *Mo/Di geschl. | Via Lepanto 21 | Tel. 04 15 26 54 82 | Anleger: Lido | Lido | ▥ 0*

OSTERIA DI SANTA MARINA

Nicht das Übliche, sondern Gerichte mit Pfiff. Das Gemüse stammt von den Inseln der Lagune und die Teigwaren sind allesamt hausgemacht.

Wer möglichst viel Verschiedenes probieren will, liegt mit einem der Degustationsmenüs richtig.

INSIDER-TIPP
Von allem ein bisschen

Und wer sich nicht entscheiden kann, der fragt bei den netten Kellern, was sich lohnt. *Mo-Mittag und So geschl. | Campo Santa Marina 5911 | Tel. 04 15 28 52 39 | osteriadisantamarina. com | Anleger: Rialto | Rialto | ▥ K6*

DA CHERUBINO

Loch im Bauch und keine Lust mehr auf langes Latschen nach dem Besichtigungsmarathon im Markusviertel? Dann bist du hier genau richtig. Trotz der Nähe zum Markusplatz werden Touristen hier nicht abgezockt, sondern nett bedient. Besonders gut sind die Spaghetti mit Tintenfisch und als Hauptgang alles, was aus dem Meer kommt. *Im Winter So geschl. | Calle Frezzeria San Marco 1702 | Tel. 04 15 22 15 43 | Anleger: San Marco | San Marco | ▥ J7*

LA PALANCA

Andrea war Manager in Mailand – jetzt managt er sein eigenes Lokal auf der Giudecca-Insel, mit viel Engagement und Lust zu plaudern. Praktisch: Es liegt direkt am Bootsanleger. Drinnen gemütlich, draußen ein Traum, weil direkt auf der Promenade am Canale della Giudecca. Das Schwertfischcarpaccio ist so hauchdünn geschnitten, wie es sein soll, die gefüllten Ravioli sind selbst gemacht. Lass dir den Hauptgang vom Kellner empfehlen, es gibt oft fangfrischen Fisch, der nicht auf der Karte steht. Zum Aperitif gibts leckere Häppchen, danach geht

In Cannaregio direkt am Kanal sitzen und *frutti di mare* schnabulieren: Anice Stellato

Andrea nach Hause – abends ist das Lokal geschlossen. *So und abends geschl.* | *Fondamenta Sant'Eufemia 448* | *Tel. 04 15 28 77 19* | *Anleger: Palanca* | San Marco | ᯑ E–F11

OSTERIA ANICE STELLATO

Ein Inlokal der aufstrebenden Thirtysomethings, daher viele Anzug- und Krawattenträger. Trotzdem herrscht eine lockere Atmosphäre und für die Fisch- und Meeresfrüchtegerichte gab es schon eine Auszeichnung des Gourmetführers Gambero Rosso. *So/Mo geschl.* | *Fondamenta della Sensa 3272* | *Tel. 0 41 72 07 44* | *osterianicestellato. com* | *Anleger: Sant'Alvise* | San Marco | ᯑ G2

LINEA D'OMBRA

Kreative Küche mit Schwerpunkt auf raffinierten Fischgerichten und eine mehr als 600 (!) Positionen umfassende Weinkarte. Unvergesslich: ein Essen oder ein ❦ Aperitif auf der Pontonterrasse überm Wasser. *Mi geschl.* | *Zattere/Ponte dell'Umiltà 19* | *Tel. 04 12 41 18 81* | *ristorantelineadom bra.com* | *Anleger: Salute* | Giudecca | ᯑ H10

OGIO

Festhalten, jetzt wirds kitschig. Was geht über ein Candle-Light-Dinner in einem uralten Klostergemäuer? Früher wurde hier gebetet, heute geschwelgt. Wer hier einen Heiratsantrag kriegt, sagt garantiert ja. Sogar das Essen (Fisch, Fleisch, Vegetarisches) schmeckt, aber das ist eigentlich Nebensache. *Mo-Abend und So geschl.* | *Campo dei Gesuiti 4877* | *Tel. 0 41 24 11 12 27* | *Anleger: Fondamente Nove* | Cannaregio | ᯑ K4

OSTARIA DA RIOBA

Die beste hausgemachte Pasta der Stadt und natürlich Fisch in allen Varianten. Das Gemüse stammt weitgehend von der Insel Sant'Erasmo. Kreative Küche, aber nicht zu abgefahren. *Mo geschl. | Fondamenta della Misericordia 2553 | Tel. 04 15 24 43 79 | da rioba.com | Anleger: San Marcuola | Cannaregio | ⊞ H3*

LOCAL

Stylish und sympathisch: Hier ist Venedig jung und modern. Chefkoch Matteo ist in Burano aufgewachsen, sein Vater hat ihm das Fischen beige-

Koschere Gerichte der jüdischen Küche gibts im Ghimel Garden im Ghetto

bracht, seine Mutter das Kochen. Und die Bauern, von denen er sein Obst und Gemüse bezieht, kennt er natürlich schon seit Kindertagen. Spezialität sind die leicht lilafarbenen Artischoken von der Insel Sant'Erasmo. Du kannst Matteo und seinem Team auch zuschauen, wie sie die Kochlöffel schwingen, die Küche ist offen. *Mi-Mittag geschl. | Salizzada dei Greci 3303 | Tel. 04 12 41 11 28 | ristorantelocal. com | Anleger: San Zaccaria | San Zaccaria | ⊞ M7*

ALLA VECCHIA PESCHERIA

Eine alte Fabrikhalle auf Murano, schick möbliert und mit Gegenwartskunst gespickt, draußen ein malerischer Platz mit Brunnen. Serviert wird kreative Gourmetkost auf Basis lokaler Bioprodukte von den nahen Gemüseinseln, dazu Fischgerichte und *dolce alla mamma. Mi geschl. | Campiello Pescheria 4 | Tel. 04 15 27 49 57 | allavecchiapescheria. com | Anleger: Colonna | Murano | ⊞ Q3*

VINI DA GIGIO

Saisonale Küche mit vielen venezianischen Klassikern. Das vernünftige Preis-Leistungs-Verhältnis schätzen auch die Stammgäste – deshalb unbedingt reservieren. *Mo/Di geschl. | Fondamenta San Felice 3628a | Tel. 04 15 28 51 40 | vinidagigio.com | Anleger: Ca' d'Oro | Cannaregio | ⊞ J4*

BANDIERETTE

Hier gilt: Keep it simple! Einfache Holzstühle, bunt bemalte Einrichtung, nette Stimmung. Mittags essen hier vorwiegend Arbeiter aus der Gegend, abends kommen Familien und Freundesgruppen, die Portionen sind reichlich. Kein Wunder, dass ohne Reservierung nur selten etwas geht. *Mo-Abend und Di geschl. | Barbaria de le Tole 6671 | Tel. 04 15 22 06 19 | Anleger: Ospedale | Castello | ⊞ M6*

CANTINA DO SPADE

Urgemütlich, lecker, für die Lage preiswert. Hier gibts die typisch venezianische Küche rauf und runter. *Di-Mittag geschl. | Calle delle Spade 860 | Tel. 04 15 21 05 83 | cantinadospade.com | Anleger: Rialto | Rialto | ⊞ H5*

DUE COLONNE

Das Lokal ist klein und hell und die Pizza super, aber es gibt auch gute Fleischgerichte. Reservier bei schönem Wetter einen Tisch draußen auf dem Platz! *Mo geschl. | Campo Sant'Agostin 2343 | Tel. 0 41 71 73 38 | Anleger: San Silvestro, San Stae | San Polo | ⊞ G5*

FANTÀSIA

Das Restaurant wird von jungen Menschen mit Handicap geführt. Das heißt: Ein bisschen Geduld und Verständnis dafür, dass es nicht immer so flott geht wie bei Gastroprofis, solltest du mitbringen. Die Pasta, Risotti und Fischgerichte sind echt gut und günstig. *Mo geschl. | Calle Crosera 3911 | Tel. 04 15 22 80 38 | ristorantepizzeria.venezia.it | Anleger: Arsenale | Arsenale | ⊞ N8*

GAM-GAM ⭐

Koschere Küche nach jüdisch-italienischer Tradition: Falafel, gefüllte Fisch und andere orientalisch angehauchte Rezepte, dazu exzellente israelische Weine. *Fr-Abend und Sa-Mittag geschl. | Sotoportego del Gheto Vecchio 1122 | Tel. 04 12 75 92 56 | gamgamkosher.com | Anleger: Guglie | Ghetto | ⊞ F3*

GHIMEL GARDEN

Wie läuft eigentlich so ein Schabbatabend im ehemaligen Ghetto? Es wird gegessen, bis der Arzt kommt! ==Erleb das typische Schabbatmenü koscherer Gerichte am Freitagabend oder Samstagmittag in einem Wahnsinnsgarten und mit der richtigen Stimmung.==

INSIDER-TIPP
Schabbat zum Ausprobieren

Nur nach Anmeldung! *Tgl. | Campo del Ghetto Nuovo | Tel. 04 12 43 07 11 | ghimelgarden.com | Anleger: San Marcuola | Ghetto | ⊞ F2*

OSTERIA AL MERCÀ

Nur ein paar *cicchetti* zum Wein oder das volle Programm – geht hier alles. Schwerpunktmäßig gibt es Fisch. Kein Wunder – die Osteria sitzt im Gebäude des alten Fischmarkts. Schön renoviert, mit Wintergarten. *Tgl. | Via Dandolo 17 | Tel. 04 12 43 16 63 | osteriaalmerca.it | Anleger: Lido | Lido | ⊞ 0*

TRATTORIA ALLA RAMPA

Spartanisches Ambiente in einem noch relativ ursprünglichen Teil Venedigs. Hierher verirrt sich kaum ein Tourist, du bist mitten im venezianischen Alltag. Große Portionen, kleine Preise, leider nur mittags geöffnet. *Sa/So und abends geschl. | Via Garibaldi 1135 | Tel. 04 15 28 53 65 | Anleger: Giardini | Garibaldi | ⊞ P9*

SHOPPEN & STÖBERN

Fliegende Händler mit Plastikgondeln made in China und in fast jedem Schaufenster Souvenirschrott – du brauchst Geduld und die richtigen Adressen, um in Venedig schön zu shoppen, Aber es geht, nur billig ist es nicht.

Eine handgefertigte Maske hat ihren Preis, handgeschöpftes, marmoriertes Papier oder eine mundgeblasene Muranovase auch, aber das sind Mitbringsel, die es so nur in Venedig gibt. Das Stöbern in den Handwerksläden und Werkstätten ist schon für sich ein Erlebnis. So lernst du Venedig wirklich kennen und trägst durch deine Ein-

Modern, bunt, schräg: Auch die Glaskunst aus Murano ist im 21. Jh. angekommen

käufe dazu bei, dass die Stadt nicht zum totalen Disneyland verkommt. Für Spontanshopper und Bummler gibts *Le Mercerie,* das ist *die* Einkaufsstraße Venedigs. Zwischen Rialtobrücke und Markusplatz findest du Boutiquen, Juweliergeschäfte, Lederwaren, Schuhe, aber auch Glasereien und kleine Handwerksbetriebe.

An Werktagen schieben die Einzelhändler den Rollladen gewöhnlich gegen neun oder zehn Uhr hoch und schließen ihn um halb eins oder eins, um ihn dann ab 14.30 oder 15 Uhr bis sieben, halb acht erneut offen zu halten. Am Montagvormittag bleiben viele Läden geschlossen.

WO VENEDIG SHOPPT

FONDAMENTA DEI VETRAI AUF MURANO

Galerien und Show-rooms voller gläserner Kunst- und Designobjekte

RUND UMS GHETTO

Jüdisches Kunsthand-werk und Naschereien

Madonna dell'Orto

Fondamenta San Girolamo

Fondamenta de la Sensa

Fond. degli Ormesini

Fond. de la Misericordia

Fondamente Nove

Fondamenta de Cannaregio

Guglie

Strada Nova

Venezia Santa Lucia

Riva de Biasio

S. Stae

Canale Grande

Strada Nova

Aliani Casa del Parmigiano ★

Rialto Mercato

Campo San Polo

Riva del Vin

Rialto

Riva del Carbon

Crosera

C. Contarini

Signor Blum ★

Campo Santo Stefano

Piazza San Marco

San Marco

Bacino

C. Brussa

Fondamenta Venier

Rivalonga

Museo

Fondamenta Antonio Marchio

Fondamenta Serenella

Fond.ta de Vetrai

Cenedese ★ 📍

Murano

⛴ **Colonna**

Cimitero di
San Michele

MARCO POLO HIGHLIGHTS

★ **ALIANI CASA DEL PARMIGIANO**
Ein Fest für alle Käse-, Wurst- und
Schinkenfans ➤ S. 80

★ **CENEDESE**
Ein Qualitätsanbieter von Muranoglas
➤ S. 83

★ **SIGNOR BLUM**
3-D-Holzpuzzles als Souvenir ➤ S. 82

Canale delle Fondamenta Nuova

Fondamente Nove

**WESTLICH VOM
MARKUSPLATZ**
Die schickste Mode,
die teuersten Marken,
die tollsten Klunker

C. delle Gorne

*Darsena
Grande*

Riva degli Schiavoni

di San Marco

Via Giuseppe Garibaldi

▲
250 m
273 yd

BRILLEN

MICROMEGA

Tolle (Sonnen-)Brillen aus eigener Produktion – schick, schlicht und ultraleicht, gefertigt aus Gold, Titan oder Horn. *Calle delle Ostreghe 2436 | micromegaottica.com | Anleger: Giglio | San Marco | ￼ H8*

BÜCHER

LA TOLETTA

Kein WC, sondern eine Buchhandlung mit Charme. Der Name kommt von den *tole,* Planken, die man früher auf Pfosten legte, um schnell mal zum Nachbarn rüberzukommen. Viele Vintagebücher. *Sacca della Toletta 1214 | latoletta.com | Anleger: Accademia | Dorsoduro | ￼ F8*

WOHIN ZUERST?

Venedigs Edelboutiquen reihen sich in den **Mercerie** aneinander, den engen Ladenzeilen zwischen Markusplatz und Rialtobrücke, sowie entlang der **Calle Larga XXII Marzo** und der **Calle Vallaresso.** Schnäppchenjäger durchstöbern auf der Suche nach Textil- und Lederwaren die Gassen westlich der Rialtobrücke, den Weg von dort bis zum Campo San Polo sowie die **Lista di Spagna** beim Bahnhof und die **Strada Nova**. Witziges, Ausgefallenes und wirklich Handgemachtes findet sich in kleinen Geschäften der Bezirke San Polo und Dorsoduro.

FILIPPI

Die älteste Buchhandlung der Stadt und gleichzeitig ein Verlag, der ausschließlich Venedig zum Thema hat: Bildbände, Kunst, Traditionen, Architektur, Alltag. *Calle del Paradiso 5284 | libreriaeditricefilippi.com | Rialto | Anleger: Rialto | ￼ K6*

LIBRERIA ACQUA ALTA

Chaos pur und es riecht nach Katzenpipi. Buchhandlung kann sich dieses Gesamtkunstwerk aus Schubkarren voller Bücher und Stubentigern, die sich auf den Regalen fläzen, eigentlich nicht mehr nennen. Im Hinterhof wartet eine Fotolocation der besonderen Art: ein begehbarer Turm aus Büchern. Besitzer Luigi hat den Laden an seinen Sohn abgegeben, dem Flair tut das keinen Abbruch. Jeder Besuch ist ein Erlebnis, ob du nun ein Buch kaufen willst oder nicht. *Calle Lunga Santa Maria Formosa 5176 | Anleger: Ospedale | San Marco | ￼ L6*

> **INSIDER-TIPP**
> **Schnappschuss vor dem Einsturz**

DELIKATESSEN

Die Fressgass von Venedig: Süßes und Herzhaftes findet sich gehäuft rund um den Mercato di Rialto zwischen den Anlegestellen Rialto und Rialto Mercato.

ALIANI
CASA DEL PARMIGIANO ★

Die können Käse. Bester Parmesan oder ausgefallener Ziegenkäse, alles superpraktisch und aromaschützend verpackt. Der Hit: Pecorino mit Safran.

Eine Buchhandlung, die du so schnell nicht vergisst: Das Acqua Alta ist eine Wundertüte

Achtung, eingeschränkte Öffnungszeiten: Mo–Mi 8–13.30, Do–Sa 8–19.30 Uhr. *Campo Erberia Rialto 214 | aliani-casadelparmigiano.it | Anleger: Rialto Mercato | Rialto | ▦ J5*

MAURO EL FORNER DE CANTON

Biscotti, bruschette, brigiolini … sü-ßes und pikantes Gebäck in Hülle und Fülle. Ruga Vecchia San Giovanni 603 | elfornerdecanton.com | Anleger: Rialto Mercato | Rialto | ▦ H6

PANTAGRUELICA

INSIDER-TIPP
Wein für Sammler

Hier bekommt man den nach einer unter-gegangenen Lagunen-insel benannten, in nur ganz geringer Menge produzier-ten Rotwein Ammiana. Er wird auf ei-ner kleinen Insel in der Lagune ange-baut – eine echte Kostbarkeit für Sammler! Dazu gibts Biosalami, wun-derbaren Käse und vieles mehr – alles von Kleinbauern aus der Umgebung. *Campo San Barnaba 2844 | Anleger: Ca' Rezzonico | Dorsoduro | ▦ E8*

RIZZO

Hier gibt es all die tollen Kekse und Pralinen, die man am liebsten sofort vernaschen will, in hübschen Geschenk-schachteln zum Mitnehmen. Auch Öl, Wein, Käse und Würste sind in den fünf Filialen im Angebot, z. B. in der *Calle dei Botteri 1719. rizzovenezia.it | Anleger: Rialto Mercato | Rialto | ▦ H5*

VIZIOVIRTÙ

In dieser Schokoboutique gibt es win-zige Täfelchen und Pralinen in klassi-schen und exotischen Geschmacks-

richtungen. Unbedingt probieren: eine Tasse Goldoni Hot Chocolate – heiße Schokolade ganz ohne Milch und Zucker. Der Himmel! *Calle Forneri 5988 | viziovirtu.com | Anleger: Rialto | Rialto | ⊞ K6*

GESCHENKE & MITBRINGSEL

T FONDACO DEI TEDESCHI

Edelkaufhaus im alten Hauptpostamt

– die ultramoderne Architektur im Innern ist an sich schon sehenswert, der Hammer aber ist die Dachterrasse. Für die muss man sich allerdings online anmelden auf *dfs.com/en/venice/t-fondaco-roof top-terrace*. Ach ja, einkaufen kann man natürlich auch, vor allem Luxusmarken. *Calle del Fontego dei Tedeschi | Anleger: Rialto | Rialto | ⊞ J6*

ARRAS

Venedig war früher weltweit berühmt für seine Textilproduktion. Hier findest du eine reiche Auswahl an farbenprächtigen, handgewebten Seiden-, Woll- und Baumwollstoffen. *Campiello Squellini 3235 | Anleger: Ca' Rezzonico | Dorsoduro | ⊞ F7*

EBRÛ

Alberto Valese war in den 1980er-Jahren ein Wegbereiter des Papiermarmorierbooms und zählt bis heute zu den Meistern dieser Zunft. Bei ihm findest du das gesamte Spektrum: handgeschöpfte Papiere, Bucheinbände und diverse Dekoobjekte.

Campo Santo Stefano 347 | albertovalese-ebru.it | Anleger: San Samuele, Sant'Angelo | San Marco | ⊞ G8

GILBERTO PENZO

Bastel dir deine Gondel: Hier gibts verschiedene Modelle zum Zusammenbauen und noch viele andere Wasserfahrzeuge, die nicht nur in Kindern das Bastelfieber auslösen. Gilberto ist ein Experte, der alles, wirklich alles, über die Geschichte und Bauweise der Gondeln, Boote, Schiffe weiß. *Calle Seconda dei Saoneri 2681 | veniceboats.com | Anleger: San Tomà | San Polo | ⊞ G6*

MADERA

Nachttischlämpchen, Geschirr, Schals, Handtaschen, schräger Schmuck? In dieser Fundgrube präsentieren drei Architekten von jungen Designern aus aller Welt kreierte Haushaltsgeräte und (Mode-)Accessoires aus Holz, Metall und Keramik. *Campo San Barnaba 2762 und Calle Lunga San Barnaba 2729 | maderavenezia.it | Anleger: Ca' Rezzonico | Dorsoduro | ⊞ E8*

SIGNOR BLUM ★

Dreidimensionale, von Hand gesägte, unverkennbar venezianische Holzpuzzles – ein wirklich stilvolles Mitbringsel. *Campo San Barnaba 2840 | Anleger: Ca' Rezzonico | Dorsoduro | ⊞ E8*

BASSO

Er ist der Gutenberg Venedigs und beliefert Vips aus aller Welt mit Briefpapier und Visitenkarten. Seine Druckerpressen sind uralt und er selbst ist auch nicht mehr der Jüngste, also: unbedingt vorbeischauen! *Calle del*

Fumo 5306 | Anleger: Fondamente Nove | *Cannaregio* | 📖 *L4*

GLAS

CENEDESE ⭐

Hier wird der Lüster quietschbunt und sehr modern. Und diese schlichten, schlanken Vasen namens Vela passen zu jeder Einrichtung – die Ausgabe

PINO SIGNORETTO

Der Superstar unter den Glasbläsern – statt Vasen und Kronleuchtern kreiert er Kunst aus Glas. Alles Unikate, verdammt schön, aber auch verdammt teuer. Schau trotzdem unbedingt in den Showroom rein – der Wow-Effekt ist garantiert. *Fondamenta Serenella 3* | *pinosignoretto.it* | *Anleger: Murano* | *Murano* | 📖 *P4*

Edel shoppen oder einfach nur schauen: das T Fondaco dei Tedeschi in der alten Hauptpost

lohnt sich. *Fondamenta Vetrai 68* | *simonecenedese.it* | *Anleger: Murano* | *Murano* | 📖 *Q4*

GAMBARO & POGGI

Schon über ein Vierteljahrhundert lang toben Mario Gambaro und Bruno Poggi ihre überbordende Kreativität aus: Vasen, Krüge, Gläser, Kerzenleuchter … 1300 Objekte in 85 Farben zum Bewundern und Kaufen. *Calle del Cimitero 15* | *gambaroepoggiglass.com* | *Anleger: Venier* | *Murano* | 📖 *Q2*

KOSMETIK & PARFUMS

SPEZIERIA DE VENEZIA

Die edlen Cremes und Parfums werden auf der Giudecca gefertigt – und es riecht so betörend nach Blumen, Kräutern, Gewürzen, dass du gar nicht mehr gehen willst. Der Raumduft Acqua Arabica lässt das Flair der Serenissima zu Hause wieder aufleben. *Campo San Zaccaria 4695* | *spezieriadevenezia. com* | *Anleger: San Zaccaria* | *San Marco* | 📖 *L7*

Maßarbeit: Maskenmacher

SORELLE SFORZA

Hier gibts was zu schnuppern. Individuelle Parfums, die je nach Wunsch fruchtig, herb oder süß daherkommen, und Raumdüfte aus hochwertigen, natürlichen Inhaltsstoffen. *Calle Seconda dei Saoneri 2658 | Anleger: San Tomà | Dorsoduro | F–G6*

MASKEN

Nicht nur traditionelle, sondern auch ganz moderne Karnevalsmasken gibts bei 👥 *Ca' Macana (Calle de le Botteghe 3172 | camacana.com | Anleger: Ca' Rezzonico | Dorsoduro | E8)* – auch für Kinder und alles Unikate. Schon allein das Anprobieren macht Spaß! Du kannst ☔ im Atelier sogar deine eigene Maske bemalen oder in Gruppen oder individuell eine Einführung in die Kunst des Maskenmachens bekommen. Drei weitere Maskenmacher, deren Kreativität aus der Unzahl von Anbietern herausragt: *Tragicomica (Calle dei Nomboli 2800 | tragicomica.it | Anleger: San Tomà | San Polo | G6); Mistero Buffo (Fondamenta San Basilio 1645 | misterobuffomask.com | Anleger: San Basilio | Dorsoduro | D9); Marega (Fondamenta dell'Osmarin 4968 bzw. 4976a | marega.it | Anleger: San Zaccaria | San Marco | L7)*

MODE

ACQUA MAREA

INSIDER-TIPP
Acqua-Alta-Ausrüstung

Bunte Gummistiefel, die auch bei Hochwasser für gute Laune (und trockene Füße) sorgen: Gummistiefel und noch mehr Gummistiefel – super Auswahl und gute Preise. Da kann das nächste Hochwasser kommen. Auch vegane Schuhe aus Canvas und anderen natürlichen Materialien. *Campo San Pantalon 3750 | Anleger: San Tomà | Dorsoduro | E7*

BANCO NO. 10

Kaufen und damit auch noch was Gutes tun? Na klar! Schicke, preisgünstige Kleider, Jacken, Taschen und mehr aus Seide, Samt und Brokat, geschnedert von weiblichen Häftlingen im Giudecca-Gefängnis. Jedes Stück ist ein Unikat. *Salizada Sant'Antonin 3478a | Anleger: San Zaccaria | San Marco | M7*

GIULIANA LONGO

Mützen im Stil der Gondolieri oder Phantasiehüte für den Karneval – in diesem herrlich altmodischen Hutgeschäft macht allein schon das Aufsetzen der verschiedenen Modelle Spaß. Jeder Hut ist handgemacht und Giuliana findet den passenden für jeden Kopf. *Calle del Lovo 4813 | giulianalongo.com | Anleger: Rialto | Rialto | ⌂ J6*

MALEFATTE

INSIDER-TIPP
Shopping als Sozialhilfe

Hochwertige Biokosmetika, Notizhefte, T-Shirts und vor allem viele originelle Taschen: hergestellt von Häftlingen im städtischen Gefängnis, vertrieben von einer Kooperative online *(malefatte.org)* oder vor Ort u.a. bei *Bottega Acqua Altra (Campo Santa Margherita 2898 | bottegaaquaaltra.tumblr.com | Anleger: Ca' Rezzonico | Dorsoduro | ⌂ G8).*

PENNY LANE

Hier kriegen Vintagefans Schnappatmung. Einzelstücke, Exzentrisches, Handtaschen und Accessoires aus recyceltem Material. *Salizada San Pantalon 39 | Anleger: San Tomà | Dorsoduro | ⌂ E6*

SCHMUCK

LABERINTHO

Hier haben sich mehrere junge Goldschmiede zusammengetan, um ihre sehr schönen, originellen Kreationen zu präsentieren. *Calle del Scaleter 2236 | laberintho.it | Anleger: San Silvestro | San Polo | ⌂ G5*

MANUELA ZANVETTORI

Die Frau weiß, was Frauen wollen: Ketten, Ohrringe, Armbänder aus Glas, Gold und Silber. Aufgewachsen ist sie in einer Glasbläserfamilie. Logisch, dass Glas ihr Lieblingsmaterial ist. *Fondamenta dei Vetrai 122 | manuelazanvettori.com | Anleger: Murano | Murano | ⌂ Q4*

SCHUHE & LEDERWAREN

BALDUCCI

Schmeichelweiches Leder aus der Toskana, verarbeitet nach venezianischer Tradition. Los ging es 1974 mit Taschen, inzwischen gibt es hier auch handgenähte Schuhe und Gürtel. *Very classic,* perfekt für den eleganten Auftritt. *Rio Terà San Leonardo 1593 | balducciborse.com | Anleger: Guglie, San Marcuola | San Marco | ⌂ F3*

FRATELLI ROSSETTI

Eine Fundgrube für alle Freunde fashionabler Fußbekleidung. *Salizada San Moisè 1477 | Anleger: Vallaresso | San Marco | ⌂ J8*

PIEDÀTERRE

Früher trugen die Gondolieri samtweiche Slipper *(furlane)* mit rutschfester Gummisohle, ähnlich wie die spanischen Espadrilles. Heute sind die *furlane* ein beliebtes Mitbringsel – aber fall nicht auf Billigkopien aus Fernost herein! Wer auf Nummer sicher gehen will, kauft sie hier in vielen bunten Farben. *Ruga degli Oresi 60 | piedaterre-venice.com | Anleger: Rialto Mercato | Rialto | ⌂ J6*

INSIDER-TIPP
Smarte Slipper

AUSGEHEN & FEIERN

Ja, Venedig hat ein Nachtleben! Das kriegen die vielen Tagestouristen nicht mit – es lohnt sich aber. In manchen Clubs geht bis in die frühen Morgenstunden die Post ab und wer mal was ganz Besonderes erleben will, geht ins Opernhaus La Fenice. Zwischen März und Oktober ist kulturell am meisten los: Von Jazz bis Kammermusik wird alles geboten. Und auch in Kirchen, Klöstern, Bruderschaften in der ganzen Stadt verteilt finden Konzerte statt. Wer Italienisch versteht, kann die Theater- und Kleinkunstszene entdecken. Die Produktionen haben teilweise internationales Niveau;

Kaum zu glauben, dass das ein Wiederaufbau des 21. Jhs. ist: Venedigs Opernhaus La Fenice

vor allem La Fenice ist legendär für aufwendige Inszenierungen mit Starbesetzung.

Es geht aber auch schlichter: Misch dich mit einem Bier oder einem Glas Wein in der Hand unter das bunte Volk, das bis weit nach Mitternacht beim Cornern auf den *Campi Santa Maria Formosa, Santa Margherita, Pisani, San Barnaba* und *Santi Giovanni e Paolo* für Stimmung sorgt. Für aktuelle Infos frag im Hotel nach dem kostenlosen Veranstaltungskalender der Tourismusbehörde oder schau auf *un ospitedivenezia.it, venezianews.it, meetingvenice.it.*

WO VENEDIG AUSGEHT

Venezia
Santa Lucia

Gallion

Calle Longa

Salizada San Stae

Canal Grande

Calle dei Boteri

Fondamenta Rio Marin

Corte Canal

Calle de la Laca

Campo
San Polo

Rio Terà

CAMPO SANTA MARGHERITA

Ausgelassenes Nachtleben vor gotischen Palazzi

Crosera

Calle Contarini

Campo
Santa
Margherita

Calle Bernardo

Teatro La Fenice ★

Campo
Santo
Stefano

Venice Jazz Club ★

Ca'Rezzonico

Fondamenta Girardini

Calle Lunga de San Barnaba

Interpreti Veneziani ★

ZATTERE

Quirlige Gastroszene mit Blick auf die Giudecca

Fondamenta Zattere al Ponte Longo

Fondamenta Nani

Rio Terà Antonio Foscarini

Piscina Venier

Fondamenta de Ca' Balà

Canal Grande

Fondamenta Zattere ai Gesuati

Zattere

Canale della Giudecca

200 m
219 yd

NOBEL-FLANIERMEILE RIVA DEGLI SCHIAVONI

Zur blauen Stunde auf einen Aperitif am Markusbecken

Riva degli Schiavoni

Piazza San Marco

Moli di Palazzo Ducale

S. Zaccaria

San Marco

Bacino di S. Marco

MARCO POLO HIGHLIGHTS

★ **INTERPRETI VENEZIANI**
Barockes von Bach, Vivaldi & Co. in der ehemaligen Kirche San Vidal ➤ S. 94

★ **VENICE JAZZ CLUB**
Jamsessions in gemütlicher Atmosphäre ➤ S. 93

★ **TEATRO LA FENICE**
Oper, Tanz oder Konzert im ältesten Bühnenhaus der Stadt ➤ S. 94

BARS, PUBS, CLUBS, CAFÉS & LIVEMUSIK

ART BLU CAFFÈ

Die freundlich-helle Kalorientankstelle präsentiert sich in modern-funktionellem Outfit. Großer Clou ist die Veranda auf dem Platz – ideal für einen Gute-Nacht-Drink zum Tagesausklang. *Tgl. bis 23 Uhr | Campo Santo Stefano 2808a | Anleger: San Samuele | San Marco | ⌨ G8*

BACARO JAZZ

Cocktails und Tapas (bis 2 Uhr früh!) in buntem, originellem Ambiente. Idealer Treff für Jazzliebhaber und Nachteulen aller Art. *Tgl. 11–ca. 2.30, Happy Hour 16–18 Uhr | Salizada del Fondaco dei Tedeschi 5546 | Anleger: Rialto | Rialto | ⌨ J6*

B-BAR

Scharf auf Promis-Gucken? Die Vip-Dichte in der Lounge des Luxushotels Bauer ist traditionell hoch. Also Cock-

WOHIN ZUERST?

Am meisten los ist um die **Campi Santa Margherita** und **San Pantalon** und entlang der breiten **Kanäle von Cannaregio**. Hier gibts reihenweise Bars, Pubs, Künstlercafés, z.T. mit Liveprogramm. Die Venezianer treffen sich auch gerne auf den **Campi San Bartolomeo** oder **San Lio.** Toll in Sommernächten: die ⚑ **Open-Air-Lokale am Canal Grande** neben den Fabbriche Vecchie.

tail bestellen (sind extrem gut!) und in einen Sessel fläzen. Musiker wie Sting und Hollywoodstars vom Schlag eines Al Pacino oder Daniel Craig kommen öfters auf einen Drink vorbei. *Im Winter Fr/Sa 19–24 Uhr (mit Livemusik 9 Euro), im Sommer Bar Canale auf der Hotelterrasse des Bauer Hotel tgl. 19–24 Uhr | Campo San Moisè 1459 | bbarvenezia.com | Anleger: Vallaresso | San Marco | ⌨ J8*

CAFÉ NOIR

Quirlig-charmante Bar mit schickem Design und ungewöhnlich niedrigen Preisen. Viele Studenten, zur Happy Hour besonders günstige *aperitivi.* *Mo–Sa 7–2, So 9–2 Uhr | Crosera San Pantalon 3805 | Anleger: San Tomà | Dorsoduro | ⌨ E–F7*

CAFFÈ ROSSO

An einem superschönen Platz, der bis nach Mitternacht bevölkert ist. Absoluter Hotspot des Open-Air-Nachtlebens mit Livemusik im Sommer und vergleichsweise günstigen Preisen. Unbedingt die leckeren *tramezzini* probieren! *Mo–Sa 7–1 Uhr | Campo Santa Margherita 2963 | Anleger: Ca' Rezzonico | Dorsoduro | ⌨ E7*

CANTINA VECIA CARBONERA

Tagsüber Bar mit besten *cicchetti,* abends steppt hier der Bär. Zwei Mal in der Woche Livemusik. Junges Publikum, entspannte Atmosphäre, gute Barkeeper. Leicht zu finden, da an der Ecke zur Hauptstraße Strada Nova. *Mo geschl. | Ponte Sant'Antonio 2329 | Anleger: San Marcuola | Cannaregio | ⌨ H3*

Wer im Vecia Carbonera noch mal Hunger kriegt, kann sich direkt vor Ort versorgen

CENTRALE
Trendige Restaurantbar von internationalem Format. Überdurchschnittliche Küche, gestyltes Ambiente. Ziemlich hochpreisig. *19–1, Fr/Sa bis 2 Uhr | Piscina Frezzeria 1659 | caffecentralevenezia.com | Anleger: Vallaresso | San Marco | ◫ J8*

MARGARET DUCHAMP
Szenebar mit supernetten Barkeepern. Die Cocktails gehören zu den besten der Stadt und auf dem Campo ist bis spätnachts was los. Bis 2 Uhr geöffnet! *Di geschl. | Campo Santa Margherita 3019 | Anleger: Ca' Rezzonico | San Dorsoduro | ◫ E7*

UN MONDO DI VINO
Kleine Pinte mit leckeren *cicchetti* und wenig Platz. Das Glas Wein kostet 1,50–3 Euro – genau das Richtige zum Vorglühen. Je später der Abend, desto mehr Leute sammeln sich vor dem Eingang. *Tgl. 10–23.30 Uhr | Salizada San Canciano 5984 | Facebook: UnMondoDivinoVenice | Anleger: Ca' d'Oro | Cannaregio | ◫ K5*

IL SANTO BEVITORE
Pionier in Sachen Qualitätsbier! Allerdings haben manche Aushilfskräfte nicht wirklich den Durchblick bei den 20 Sorten Fassbier. In jedem Fall eine gute Alternative für alle, denen Wein und Spritz so langsam zum Hals raushängen. *Tgl. 16–2 Uhr | Campo Santa Fosca 2393a | ilsantobevitorepub.com | Anleger: San Marcuola | Cannaregio | ◫ H3*

CHET BAR
Je später der Abend, desto voller ist diese kleine Pinte mit großer Auswahl

und guter Musik – der Renner bei jungen Einheimischen und Studierenden.

Kein Schickimicki, sondern eher Treff der alternativen Szene. **Der Wein kostet schlappe 2 Euro, die Cocktails 5–8 Euro.** Die Öffnungszeiten variieren je nach Abend und Zustrom, aber spät wirds immer. *Campo Santa Margherita 3684 | Anleger: Ca' Rezzonico |* Dorsoduro *| ⊞ E7*

CORNER PUB

Begonnen als Heimstatt aller UK-Fans mit Bier und Sandwichs, gibts jetzt auch venezianische Brötchen, *cicchetti* und ein bunt gemischtes Publikum. Neben Venezianern ertränken hier natürlich viele Studierende aus dem United Kingdom ihr Heimweh. *Mi–Mo 10.30–1 Uhr | Calle della Chiesa 684 | Anleger: Accademia |* Dorsoduro *| ⊞ G9*

TARNOWSKA'S AMERICAN BAR

Der richtige Ort für einen stilvollen Absacker! Hier tummeln sich nicht nur Gäste des angeschlossenen Hotels. Gute Cocktails, gemütliche Clubsessel – James Bond wäre Stammgast. Namensgeberin ist eine russische Gräfin, die im Palazzo Maurogonato, dem heutigen Hotel Ala, einen ihrer vielen Liebhaber meucheln ließ. Darauf erst mal einen Wodka ... Unregelmäßig gibts auch Livemusik im Frank-Sinatra-Stil. Barkeeper Rey ist eine Institution und mixt dir deinen Lieblingsdrink. *Campo Santa Maria del Giglio | Anleger: Giglio |* San Marco *| ⊞ H8*

Eine Piazza, auf der das Leben tobt: Auf dem Campo Santa Margherita ist immer was los

VENICE JAZZ CLUB ★

Ein bisschen Wohnzimmerparty. Man sitzt bei Fingerfood und entspannter Musik zusammen, dann wird gejazzt (die Hauskombo ist das VJC-Quartett) und am Ende des Abends kennen sich alle. Happy Hour ab 19, Konzertbeginn 21 Uhr. *Mo–Mi, Fr, Sa 19–1 Uhr | Ponte dei Pugni 3102 | venicejazzclub. com | Anleger: Ca' Rezzonico | Dorsoduro | ⌂ E8*

merhin kann man bis 4 Uhr morgens tanzen. Neben Venezianern kommen hier auch internationale Künstler zu später Stunde vorbei. Mick Jagger wurde auch schon gesehen ... Die ☂ Campi Santa Margherita und ☂ San Bartolomeo mit ihren historischen Palazzi sind Venedigs Open-Air-Partysalons – ohne Verzehrzwang oder Eintritt.

DISKOTHEKEN & STRANDPARTYS

Im Sommer gehts zum Feiern auf den Lido. Hin kommt man mit dem Nachtvaporetto (Linie N) von San Zaccaria. Aussteigen und nix wie an den Strand! Die Strandbäder mutieren abends zu Loungebars mit DJ-Set, z. B. das *Pachuka (tgl. 9–22 Uhr, am Wochenende länger | Viale Klinger/Spiaggia San Nicolò).* Fischrestaurant, Pizzeria und Cocktailbar ist das *Beach Terrace (Lungomare Guglielmo Marconi 22).* Oder du machst es wie die jungen Venezianer und deckst dich an einem der Strandkioske mit Snacks und Getränken ein, um dir dann ein nettes Plätzchen zu suchen – beispielsweise am *Chiosco Bahiano* am nördlichen Ende des Strands an der *Piazza Pola.*

In der Altstadt hingegen gibt es keine großen Discos, es fehlt einfach der Platz und Lärmbelästigung ist auch ein Thema. Im *Piccolo Mondo (⌂ F9) (tgl. 23–4 Uhr | Calle Contarini Corfù 1056a | Dorsoduro | Anleger: Accademia)* im-

KASINO

☂ Hinter der eindrucksvollen Renaissancefassade des *Palazzo Vendramin-Calergi* am Canal Grande kann man heute für Geld das Glück suchen. Roulette, Black Jack, Spielautomaten etc. *Tgl. 15.30, Sommer 16–2.45 Uhr | casinovenezia.it | Anleger: San Marcuola | Cannaregio | ⌂ G4*

KINO

In den ganz wenigen verbliebenen Kinos in Venedig laufen fast alle Filme italienisch synchronisiert. Ausnahme:

CASA DEL CINEMA

Der Cineastentreff zeigt Qualitätsfilme aus aller Welt, teilweise im Original mit italienischen Untertiteln. *Salizada San Stae 1990 | Tel. 04 15 24 13 20 | Anleger: San Stae | San Polo | ⌂ G5*

KONZERTE

SCUOLA GRANDE DI SAN GIOVANNI EVANGELISTA

Eine Wahnsinnslocation ist diese älteste Bruderschaft aus dem Jahr 1261, gotische Architektur und venezianischer Barock im Einklang. Viel Stuck, viel Atmosphäre und eine bunte Mischung aus Ausstellungen und Musikevents, die jedoch so unregelmäßig stattfinden, dass man unbedingt vorher den Veranstaltungskalender checken sollte. *Campiello della Scuola 2454 | scuolasangiovanni.it | Anleger: Ferrovia | Cannaregio | ▭ F5–6*

COLLEGIUM DUCALE

Wenn Klassik, dann richtig. Das 1993 gegründete Kammerorchester bringt tolle Instrumentalwerke aus Barock und Romantik zur Aufführung, arbeitet aber auch mit Opernsängern zusammen. Die schmettern die Toparien aus Carmen, Otello und anderen Opern zur Pianobegleitung. Die Veranstaltungsorte sind ebenfalls beeindruckend: der *Palazzo delle Prigioni (▭ L8)* sowie der „Blaue Raum" des *Teatro San Gallo (▭ J7)*. *Tel. 04 19 88 15 55 | collegiumducale.com*

INTERPRETI VENEZIANI ⭐

Das barockt! Unter der Bezeichnung „Violins in Venice" gibt dieses Kammermusikensemble in der ehemaligen Kirche San Vidal an mehr als 200 Tagen im Jahr Konzerte. Im Mittelpunkt der Programme stehen, na klar, Barockwerke von Bach, Vivaldi & Co. *Tel. 04 12 77 05 61 | interpretivenezia ni.com | Anleger: Accademia | San Marco | ▭ G8*

VIRTUOSI DI VENEZIA

Hits der barocken Orchestermusik, von Vivaldis Vier Jahreszeiten bis zu Albinonis Adagio, aber auch Mozart-, Verdi- und Donizetti-Arien: Mehrmals pro Woche interpretieren die Virtuosi di Venezia – stilecht in zeitgenössischen Kostümen – im *Ateneo di San Basso* hinter dem Markusdom Opern- und Orchesterklassiker. *Piazzetta dei Leoni | Tel. 04 15 28 28 25 | virtuosidi venezia.com | Anleger: Vallaresso | San Marco | ▭ K7*

SHOW

VENEZIA – THE SHOW

Aufwendig gestaltetes Multimediaspektakel: Schauspieler in historischen Kostümen erzählen (englisch mit Simultanübersetzung via Kopfhörer), unterstützt durch hypermoderne Digitaltechnologie, Venedigs über 1000-jährige Geschichte. Das Ganze ist auch buchbar als Kombiangebot mit Buffetdinner. *Campo San Gallo 1097 | Tel. 04 12 41 20 02 | teatrosangallo.net | Anleger: Vallaresso | San Marco | ▭ J7*

VENICE MUSIC PROJECT

Eine Art niveauvoller Musikwanderzirkus: An stimmungsvollen wechselnden Orten wird geistliche und weltliche Musik (z. B. das antike Repertoire der Gondolieri) gespielt, instrumental oder mit Gesang. Such dir im Veranstaltungskalender raus, was dich anspricht. Auch unbekannte Komponisten stehen auf dem Programm. *Tel. 34 57 91 19 48 | venicemusicproject.it*

THEATER & OPER

TEATRO LA FENICE ⭐

1996 bis auf die Grundmauern niedergebrannt, wurde der alte „Phönix"

2003 wiedereröffnet – und zwar „dov'era e com'era", also wo er war und wie er war, nämlich auf dem Campo San Fantin in Form des ehrwürdigen, golden glänzenden Logentheaters. In Venedig sind Karten für die erstklassig besetzten Opern- und Tanzinszenierungen (das Fenice ist eines der führenden Opernhäuser Europas) sowie Konzerte an der Theaterkasse erhältlich, außerdem an den Ve.La.-Kartenbüros am Bahnhof und am Piazzale Roma. Infos und Kartenvorverkauf aus dem Ausland: *Tel. 041 24 24. Campo San Fantin 1965 | teatrolafenice.it | Anleger: Giglio | San Marco | ⊞ H8*

TEATRO GOLDONI

Slapstick vom Feinsten – und das auch noch historisch. Was der Komödiendichter Carlo Goldoni im 18. Jh. auf die Bühne brachte, hat immer noch Charme. Sein „Arlecchino Furioso" ist der Dauerbrenner. Sicher dir Karten für Sitzplätze möglichst weit vorne, wenn du die Untertitel der italienischen Dialoge lesen möchtest. In der Pause gibt es einen kostenlosen Bellini im Innenhof. *Calle del Teatro 4650 | Tel. 041 24 02 014 | teatrostabileveneto.it | Anleger: Rialto | Rialto | ⊞ J6–7*

INSIDER-TIPP
Theater mit Untertiteln

TEATRO MALIBRAN

Oper, Ballett, Konzerte und Sprechtheater, teilweise in Kooperation mit dem Teatro Fenice. *Campiello del Teatro 5864 | Tel. 041 24 24 | teatrolafenice.it | Anleger: Rialto | Rialto | ⊞ K5–6*

Musentempel seit 1678: Teatro Malibran

MUSICA IN MASCHERA

Opernexperten blättern jetzt bitte weiter: Es ist nicht durchweg große Kunst, was an den Opern- und Ballettabenden in der *Scuola Grande dei Carmini* geboten wird, aber das Musik- und Tanzensemble tritt in Originalkostümen aus dem 18. Jh. auf und du wirst in die Zeit katapultiert, als solche Abendunterhaltungen bei den Venezianern das waren, was heute das Fernsehprogramm ist: ein netter Zeitvertreib. *Calle de la Pazienza/Calle de la Scuola | musicainmaschera.it | Anleger: Ca' Rezzonico | Dorsoduro | ⊞ D–E 7–8*

AKTIV & ENTSPANNT

Einfach mal aufs Wasser schauen: an der Punta della Dogana

SPORT, SPASS & WELLNESS

RUDERN ALLA VENEZIANA

In kurzen Kursen bringen die zwei traditionsreichen Ruderclubs *Reale Società Canottieri Bucintoro (Fondamenta Zattere 263 | Tel. 04 15 20 56 30 | bucintoro.org | Anleger: Spirito Santo | Einzellektion 3–5 Std. 100 Euro, Gruppenlektion 85 Euro/Person | ▯ H10)* und *Reale Società Canottieri Francesco Querini (Fondamente Nove 6576e | Tel. 04 15 22 20 39 | canottieriquerini.it | Anleger: Ospedale | 8 Lektionen à 1,5 Std. 130 Euro, Einzellektion à 1,5 Std. 80 Euro | ▯ M5)* auch Anfängern und Kindern (ab ca. zehn bis zwölf Jahren) in wenigen Tagen bei, wie man ein *sandolo*, eine *mascareta* oder eine *gondola* elegant übers Wasser und durch die Kanäle manövriert.

JOGGEN UND BADEN AM LIDO

Wer von der steinernen Enge der Altstadt eine Pause braucht, fährt hinüber auf den Lido. Am langen Sandstrand kannst du super joggen. Die schmale, 12 km lange Insel, die Venedig und die Lagune gegen das offene Meer hin abschirmt, mauserte sich Ende des 19. Jhs. zum fashionablen Strandrevier, wie Kinogänger es aus Luchino Viscontis Verfilmung von Thomas Manns „Tod in Venedig" kennen. Inzwischen geht es hier, wenn nicht gerade im Rahmen des Filmfestivals die Leinwandstars aus aller Welt im Palazzo del Cinema Hof halten, lockerer zu. Im Sommer ist ein Sprung in die Wellen hier eine tolle Abkühlung. In die Kanäle darf man dagegen nicht zum Baden, das wird richtig teuer!

PER MIETBOOT DURCH DIE KANÄLE

Ein Abenteuer ist die Erkundung des Kanallabyrinths auf eigene Faust. Statt dich nur herumschippern zu lassen, bist du selbst Steuermann oder -frau. Erste Adresse für den Verleih von Ruderboo-

Der Lido ist perfekt für kleine wie auch längere Radtouren – ein MTB brauchst du aber nicht

ten wie motorisierten Wassergefährten ist *Giampietro Brussa (Fondamenta Labia 331 | Tel. 0 41 71 57 87 | brus saisboat.it | Anleger: Guglie |  F3)* nahe dem Ponte delle Guglie.

MIT DEM RAD ÜBER DIE INSELN

Eine wunderbare Abwechslung zum vielstündigen Umherwandern in der Stadt ist ein Ausflug mit dem Mietfahrrad, z. B. auf Sant'Erasmo: auf der einen Seite Felder und Gärten, auf der anderen Salzwiesen und Sandbänke. 10 km ist der Inselrundweg lang – das schafft jeder! Leihräder gibt es beim Hotelrestaurant *Il Lato Azzurro (Via dei Forti 13 | Tel. 04 15 23 06 42 | latoazzur ro.it).*

Für eine längere Tour ist der Lido ideal. Verleiher gibts gleich bei der Vaporettostation Lido: *Gardin (Tel. 04 12 76 00 05 | biciclettegardin.com)* auf dem Piazzale Santa Maria Elisabetta 2 oder *Renato Scarpi (Tel. 04 15 26 80 19 | lidoon bike.it)* im Viale Santa Maria Elisabetta 21b. Von dort rollt man den Lido südwärts bis zu den malerischen Dörfern Malamocco und Alberoni und, bei genug Zeit und Kondition, über Pellestrina weiter bis ins Fischerstädtchen Chioggia.

WELLNESS MIT AUSSICHT

Auf die Spabehandlung warten und dabei die Panoramaaussicht auf den Giudecca-Kanal und den Markusplatz genießen? Das geht im *Palladio Hotel & Spa (Fondamenta Zitelle 33 | Tel. 04 15 20 70 22 | palladiohotelspa.com | Anleger: Zitelle |  K 11),* einem ultrafeinen Fünfsternehaus in den Mauern eines alten Klosters mit wunderschöner Gartenanlage. Bei Sonnenschein kann man sich inmitten von Bäumen und Blumen massieren lassen. Hier logierten früher unverheiratete Mädchen aus gutem Haus. Genau das Richtige für ein Girls-Weekend!

FESTE & EVENTS

JANUAR
Bei der **Festa della Befana** am 6. Jan. auf Sant'Erasmo werden die Kinder von der guten Hexe *(befana)* beschenkt und ein Feuer wird entzündet.

KARNEVALSZEIT
Der legendäre ⭐ **Karneval** mit Hunderten von Events, Bällen und einem Maskenmeer in der ganzen Stadt beginnt mit dem *Volo dell'Angelo,* dem Engelsflug, bei dem eine junge Frau in historischer Tracht an einem Seil über den Markusplatz schwebt. Alle Termine Tag für Tag: *carnevale.venezia.it*

MÄRZ/APRIL
Am letzten März- oder ersten Aprilsonntag **Su e Zo per i Ponti:** der Volkslauf „die Brücken rauf und runter". *suezo.it*
Am Gründonnerstag: **Benedizione del Fuoco,** die „Einsegnung des Feuers" im von Tausenden Kerzen erhellten Markusdom

Yachting in Venice: Bootsausstellung an einem Wochenende Mitte April mit Yachten zum Anschauen und Begehen und Kinderprogramm
25. April: **Festa di San Marco** mit feierlichem Hochamt in der Basilika, Gondelrennen auf dem Canal Grande und Volksfest auf der Piazza

MAI/JUNI
Vogalonga: Alljährlich an einem Sonntag Ende Mai/Anfang Juni legen sich über 5000 Amateure in die Riemen. Die Route führt 30 km vom Bacino San Marco nach Burano und über Murano zurück. Jede und jeder kann, ein eigenes Boot und ein Minimum an Muskelkraft vorausgesetzt, mitmachen. Auskunft und Anmeldung: *Tel. 04 15 21 05 44 | vogalonga.com*
Festa della Sensa, die „Vermählung mit dem Meer" mit historischer Flottenfahrt von San Marco zum Lido am Sonntag nach Christi Himmelfahrt

Ohne Maske geht gar nichts: Auch der Karneval hat seine Regeln

MITTE MAI–ANFANG NOVEMBER

⭐ **Kunstbiennale** in ungeraden Jahren auf dem früheren Werftgelände Arsenale im Osten des Stadtteils Castello und verteilt in der ganzen Stadt. Ausstellungen, Vernissagen, Events rund um zeitgenössische Kunst: Malerei, Skulpturen, Installationen, aber auch Tanz und Theater. Architektonisch interessant sind auch die Ausstellungspavillons. *labiennale.org*

JUNI

Internationale Boots- und Yachtmesse **Salone Nautico** auf dem Werftgelände. *salonenautico.venezia.it*

JULI

Redentore: das „Erlöserfest" am dritten Julisonntag mit wunderschöner Prozession über eine Bootsbrücke zur Redentore-Kirche auf der Giudecca-Insel. Am Vorabend kracht es gewaltig beim Feuerwerk.

SEPTEMBER

Regata Storica am ersten Wochenende: Tausende geschmückte Boote mit historisch kostümierten Besatzungen auf dem Canal Grande

Elf Tage lang **Internationale Filmfestspiele** auf dem Lido. *labiennale. org*

Fischfest am dritter Sonntag mit Unmengen von *pesce fritto*, frittiertem Fisch

OKTOBER

Auf Sant'Erasmo am ersten oder zweiten Sonntag ⚑ **Weinfest** mit Musik, Tanz, Schlemmen und Regatta

Marathon von Venedig Ende des Monats mit Start in Stra. *venicemarathon.it*

NOVEMBER

Madonna della Salute: Prozession über Pontons zur Salute-Kirche am 21. Nov.; danach ausgiebiger Verzehr von Rosinenkrapfen und Wein

SCHÖNER SCHLAFEN

WENN SCHON LUXUS, DANN BITTE RICHTIG

Viel Geld bezahlen für angestaubte, alte Pracht? Oh nein, dieses Fünfsternehotel ist ultramodern und hat trotzdem Atmosphäre: Stardesigner Philippe Starck hat mit satten Farben im Lobby-, Lounge- und Restaurant-Bar-Bereich sowie 26 ganz in Weiß gehaltenen Zimmern neue Standards gesetzt. Im *Palazzina G (Ramo Grassi 3247 | Tel. 04 15 28 46 44 | palazzinagrassi.com | Anleger: San Samuele | €€€ | San Marco | ⊞ F7–8)* steigen die Stars ab, zum Schlafen und Feiern – Samstagabend gibts ein DJ-Set bis tief in die Nacht.

IN THE GHETTO

Im Herzen des ehemaligen jüdischen Ghettos zu wohnen hat Charme: Es wimmelt nicht so von Touristen, die Atmosphäre in dem 600 Jahre alten Gebäude der *Locanda del Ghetto (6 Zi. | Campo del Ghetto Novo 2892 | Tel.*

04 12 75 92 92 | locandadelghetto. net | Anleger: Guglie | €€ | Ghetto | ⊞ F2) ist persönlich und koscheres Frühstück ist ja auch mal ein Erlebnis. Die zwei Juniorsuiten haben tolle Terrassen mit Blick auf den schönen Platz.

BETEN WAR FRÜHER

Früher Klosterherberge, heute privates Gästehaus. Die Einrichtung im *Domus Ciliota (50 Zi. | Calle delle Muneghe 2976 | Tel. 04 15 20 48 88 | ciliota. it | Anleger: San Samuele | € | San Marco | ⊞ G8)* ist zwar immer noch spartanisch, aber hell und sauber. Super Preis-Leistungs-Verhältnis und die tolle Lage beim Campo Santo Stefano macht viele Vaporettofahrten überflüssig.

SCHLEMMEN UND SCHLAFEN

Das *Venissa (Fondamenta Santa Caterina 3 | Tel. 04 15 27 22 81 | venissa.it | Anleger: Mazzorbo | €€ | Mazzorbo | ⊞ V1)* auf dem Inselchen Mazzorbo

Fürs Star-Spotting ist das von Philippe Starck gestylte Palazzina G ein guter Ort

INSIDER-TIPP
Genießertipp hat praktischerweise gleich noch ein Sterne-Biorestaurant im Haus. Das Gemüse stammt aus eigener Produktion, der Wein größtenteils auch und nach dem Schlemmen schläft es sich wunderbar in den sechs Zimmern im Landhausstil.

AB VOM SCHUSS, ABER MITTEN IM ALLTAG

Wo ist Venedig noch richtig echt? Im Lagunendorf Malamocco in der hintersten Ecke des Lido triffst du Fischer und Bauern und kannst bei den supernetten Gastgeberinnen Michela und Micaela im *Relais Alberti (Campo della Chiesa 3 | Tel. 04 15 26 11 43 | Anleger: Lido, Bus A/B bis Malamocco | relaisalberti.com | €€ | Lido-Malamocco | ⊞ 0)* Kochen lernen und dir Geheimtipps zu Venedig holen. Das Hotel ist mit antiken Möbeln und schönen Stoffen eingerichtet. Es verleiht Räder und organisiert Bootsausflüge in die Lagune.

BOAT AND BREAKFAST: SCHLAFEN AUF DER YACHT

An Bord frühstücken und den Sonnenuntergang an Deck erleben, das hat was! Die Kabinen der *Sarah Sun Cruise (Canale dei Lavraneri | Tel. 34 66 51 41 29 | Anleger: Sacca Fisola | sarahcruisevenezia.it | € | Sacca Fisola | ⊞ C10)* sind klein, aber voll ausgestattet. Die Yacht liegt gegenüber vom Hotel Hilton an der Insel Sacca Fisola vor Anker.

CHEAP MIT STIL

Ein Kornspeicher aus dem 19. Jh. auf der Giudecca wurde mit schrillem Stilmix in eine total hippe Unterkunft verwandelt: Im *Generator Hostel (27 Zi. mit 235 Betten | Fondamenta Zitelle 86 | Tel. 04 18 77 82 88 | generatorhostels.com | Anleger: Zitelle | € | Giudecca | ⊞ J11)* brummt es vor Backpackern aus der ganzen Welt. Im Schlafsaal übernachtest du ab 16 Euro, das DZ mit Bad gibt es für 60 Euro.

ERLEBNIS TOUREN

Lust, die einzigartigen Facetten der Stadt zu entdecken? Dann sind die Erlebnistouren genau das Richtige für dich! Ganz einfach wird es mit der MARCO POLO Touren-App: Die Tour über den QR-Code aufs Smartphone laden – und auch offline die perfekte Orientierung haben.

Viel frischer geht es nicht: Fischmarkthalle Pescheria

Einfach QR-Code scannen und alle
Karten & Infos zu unseren Touren
auch unterwegs parat haben!

go.marcopolo.de/ven

DIE ERLEBNISTOUREN IM ÜBERBLICK

Sacca Serenella

2 Venedig ahoi: mit dem Schiff um die Altstadt

Madonna dell'Orto

Campo di Ghetto Nuovo

Cimitero

Stazione Ferroviaria S. Lucia

Venedig perfekt im Überblick

Ponte della Libertà

1

Chiesa dei Gesuiti

Canal Grande

Strada Nova

Fondamenta Nuove

Isola del Tronchetto

Santa Croce

Piazzale Roma

Campo dei Frari

San Polo

Ponte di Rialto

S. F de

Castello

San Marco

Piazza S. Marco

Palazzo Ducale

S. Nicolò dei Mendicoli

Dorsoduro

Canal Grande

Dogana da Mar

Accademia

Fondamenta Zattere

S. Giorgio Maggiore

Isola di S. Giorg Maggio

Sacca Fisola

Canale della Giudecca

le Zitelle

La Giudecca

Redentore

3 Auf Palladios Spuren

Sacca S. Biagio

Isola della Giudecca

la Grazia

V e n e

S. Clemente

Museo del Vetro

Murano

④ **Auf die unbekannten Laguneninseln**

u *n* *a*

di chele

Sant'
Erasmo

Sant'
Erasmo

le Vignole

Idroscalo
S. Andrea

Isola di
S. Pietro

**S. Pietro
di Castello**

senale

co Navale
Garibaldi

la Certosa

Esposizione
Internazionale
d'Arte Moderna
Biennale

**Campo
Sportivo**

S. Nicolò

Isola di
Sant'Elena

Riv. S. Nicolò

S. Servolo

Lido

S. Lazzaro degli
Armeni

a

Lung. Marconi

500 m
547 yd

Lazzaretto Vecchio

❶ VENEDIG PERFEKT IM ÜBERBLICK

➤ **Wenn's eilt: das Beste von Venedig an einem Tag**
➤ **Rialto-Markt, Frari-Kirche, Markusplatz und mehr**
➤ **Morgens Markt und abends Musik**

📍 Bahnhof Santa Lucia   🏁 Art Blu Caffè

→ ca. 12 km   🚶 1 Tag, reine Gehzeit ca. 3½ Stunden

ℹ️ Je nach Lage deines Hotels kann der Startpunkt variieren – nimm einfach die deinem Quartier am nächsten gelegene Haltestelle der Vaporetti.
Wegen früher Schließzeiten sind die Innenbesichtigung des **Doms** und die Auffahrt auf den **Campanile** zu den genannten Zeiten nur von Ostern bis Oktober möglich. Konzertkarten möglichst schon vor der Reise buchen.

---

❶ Bahnhof Santa Lucia

Am ❶ **Bahnhof Santa Lucia** *nimmst du ein Vaporetto der Linie 1 und fährst bis San Silvestro. Den Canal Grande entlang ziehen die im Morgenlicht glänzenden Palastfassaden an dir vorbei – besser kannst du dich nicht einstimmen auf die Pracht der Lagunenstadt!* Cappuccino und Croissant im ❷ **Caffè del Doge** ➤ S.70, *dann gehst du in nordwestlicher Richtung zur* ❸ **Pescheria** ➤ S.33. *Hier brummt es morgens – stürz dich ins Getümmel an den verschiedenen Marktständen (Di–Sa) – auch wenn du nichts kaufst, ein Fest für die Sinne ist es allemal!*

❷ Caffè del Doge
❸ Pescheria

EIN KAFFEE MITTEN IM VENEZIANISCHEN ALLTAG
Lass dich vom Markt weiter durch die Gassen treiben bis zum ❹ **Campo Santa Margherita** ➤ S.54, den du, *vorbei am Campo San Polo und der Frari-Kirche, in nur zehn Gehminuten erreichst.* Von den Tischen des **Caffè Rosso** ➤ S.90 *an der Westseite* aus beobachtest du den venezianischen Alltag abseits des Touristentrubels.

❹ Campo Santa Margherita

❺ Frari-Kirche

Nach der kleinen Pause *gehst du jetzt zurück zur* ❺ **Frari-Kirche** ➤ S.52. Das pyramidenförmige Grab Tizians und dessen Himmelfahrtsbildnis über dem Hauptaltar

**INSIDER-TIPP
Eine
Kunstorgie**

lohnen sich! *Direkt nebenan* ist die
❻ Scuola Grande di San Rocco
➤ S. 52. Geh schnurstracks in den
Hauptsaal mit sage und schreibe 56 Gemälden von Tintoretto!

| **❻ Scuola Grande di San Rocco** |

DAS SCHRÄGSTE EIS DER STADT

Nun kannst du einen Spaziergang *durchs Gassengeflecht von San Polo* mit seinen Souvenir- und Handwerksläden machen. *Ein Abstecher nach Santa Croce* führt dich zu Carlo Pistacchis Gelateria **❼ Alaska ➤ S. 70,** wo ziemlich schräge Eissorten wie Spargel oder Artischocke auf Neugierige warten. Mit herkömmlichem Eis haben die naturbelassenen, oft als Sorbet – also ohne Milch und Sahne – und ohne Zuckerzusatz hergestellten Spezialitäten wenig gemein, aber sie garantieren dir ein ganz besonderes Geschmackserlebnis. Nächstes Ziel ist einer der imposantesten Paläste *am Canal Grande:* die **❽ Galleria d'Arte Moderna ➤ S. 32** in der Ca' Pesaro. Im Innern siehst du einen repräsentativen Querschnitt durch die Kunst des 19. und 20. Jhs.

| **❼ Alaska** |
| **❽ Galleria d'Arte Moderna** |
| **❾ Do Mori** |
| **❿ Piazza San Marco** |
| **⓫ American Bar** |

Rund um die Rialtobrücke haben etliche uralte, gemütliche Weinschenken alle Modernisierungsschübe überdauert. Das älteste dieser *bacari* ist das malerische **❾ Do Mori ➤ S. 68** – weiß Gott kein Geheimtipp mehr, daher immer voll, aber es gehört zu Venedig wie der Markusdom, hier musst du gewesen sein. Am Tresen gibts gute Weine und solide *cicchetti!*

Die Vaporettolinie 1 (Station Rialto Mercato) bringt dich dann in wenigen Minuten direkt an die **❿ Piazza San Marco ➤ S. 34.** Rein in den **Markusdom,** rauf auf den **Campanile** mit seiner Wahnsinnsaussicht. Und dann schau dir das Gewusel auf dem Markusplatz in aller Ruhe aus der **⓫ American Bar ➤ S. 66** *zu Füßen des Uhrturms* an.

Für die Wenn-schon-denn-schon-Fraktion: ein Wein im ältesten aller *bacaros,* Do Mori

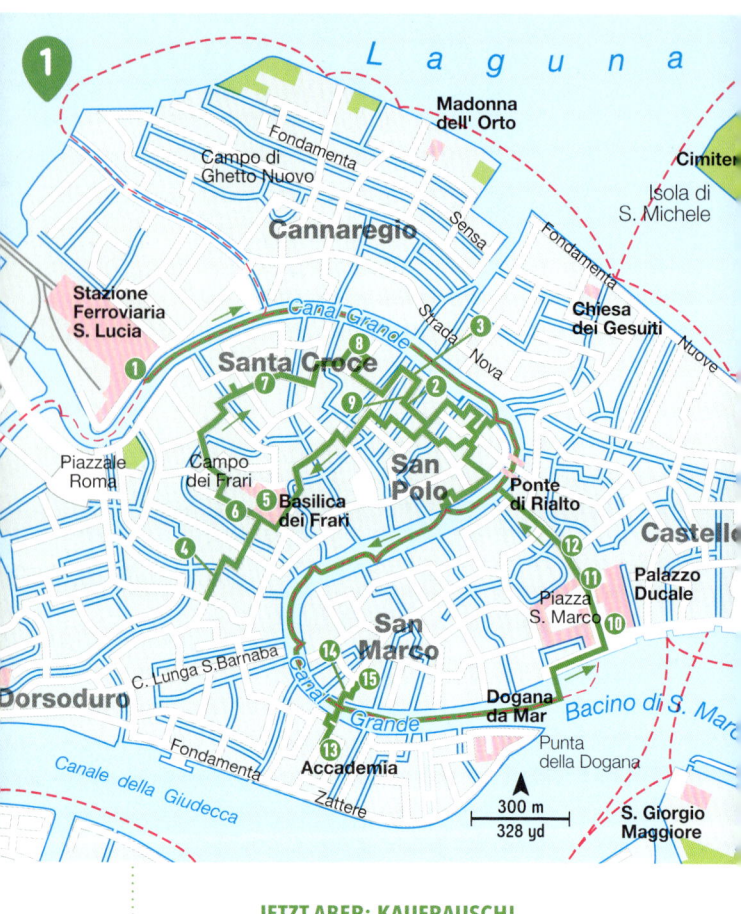

L a g u n a

Madonna
dell' Orto

Fondamenta

Campo di
Ghetto Nuovo

Cannaregio

Sensa

Cimiter

Isola di
S. Michele

Fondamenta

Stazione
Ferroviaria
S. Lucia

①

Canal Grande

Strada

③

Nuove

Chiesa
dei Gesuiti

Santa Croce

⑧

⑦

②

Nova

Piazzale
Roma

Campo
dei Frari

⑤

⑨

San
Polo

Basilica
dei Frari

⑥

Ponte
di Rialto

⑫

Castello

④

San
Marco

⑪

Palazzo
Ducale

Piazza
S. Marco

⑩

Dorsoduro

C. Lunga S.Barnaba

⑭

⑮

Canal

Dogana
da Mar

Bacino di S. Marc

Grande

Fondamenta

⑬

Accademia

Zattere

Punta
della Dogana

Canale della Giudecca

300 m
328 yd

S. Giorgio
Maggiore

JETZT ABER: KAUFRAUSCH!

Lust auf Shopping? *Dann steuer die* **⑫** Mercerie *an,
Richtung Rialtobrücke.* In diesen engen Gassen sind so
gut wie alle großen Modedesigner mit Boutiquen vertreten und dazwischen lockt manch exquisiter Schmuck-
und Antiquitätenladen. *Am Anleger Rialto besteigst du
dann erneut ein Schiff der Linie 1, fährst diesmal aber
nur bis Accademia.*

UND DANACH EIN WEINCHEN?

*An der östlichen Flanke der berühmten Gemäldegalerie
entlang erreichst du das Hotel Ca' Pisani, in dessen Sou-*

terrain die Weinbar ⑬ **La Rivista** ➤ S. 68 mit kleinen Gerichten, Käseplatten und glasweise ausgeschenkten Weinen auch zu einem längeren Aufenthalt verführen könnte.

⑬ La Rivista

Doch guck beim Schlemmen immer mal wieder auf die Uhr – du willst ja nicht dein Ticket für ein Konzert der ⑭ **Interpreti Veneziani** ➤ S. 94 verfallen lassen: barocke Kammermusik auf höchstem Niveau im suggestiven Ambiente der ehemaligen Kirche San Vidal! *Über den Ponte dell'Accademia bist du in fünf Minuten dort.*

⑭ Interpreti Veneziani

NOCH EIN BISSCHEN SPÄTER APPETIT?

Lust auf einen Absacker zu später Stunde? *Ganz in der Nähe,* im ⑮ **Art Blu Caffè** ➤ S. 90, gibts gute Drinks und dazu große wie kleine Snacks. Und einen super Blick auf den Campo Santo Stefano *by night!* Hier gehen viele Studierende hin, man kommt leicht ins Gespräch und schwups ist es nach Mitternacht – eben ideal zum Versumpfen.

⑮ Art Blu Caffè

❷ VENEDIG AHOI: MIT DEM SCHIFF UM DIE ALTSTADT

➤ **Bootstour mit Landgang**
➤ **Rauf aufs Vaporetto und hopp auf die Inseln**
➤ **Abseits der Massen: Cannaregio, Ghetto, San Michele, Murano**

📍 Bahnhof Santa Lucia

🏁 Bahnhof Santa Lucia

🔄 rund 25 km

⛴ 1 Tag, reine Fahrzeit 2 Stunden

ℹ️ Die Linien 4.1 und 4.2 verkehren tagsüber im 20-Minuten-Takt.

Ausgangspunkt dieser Tour ist der ❶ **Bahnhof Santa Lucia**. *Du gehst aus dem Bahnhofsgebäude die große Treppe runter und steuerst eine der Vaporettistationen an. Achtung: Hier fahren ganz viele der so charakteristi-*

❶ Bahnhof Santa Lucia

Der pustet dir was: Glasbläser auf Murano

schen schwimmenden Busse namens Vaporetto ab, such nach der Nr. 4.2 (Nr. 4.1 befährt dieselbe Strecke in entgegengesetzter Richtung). Das Boot tuckert erst einmal ein kleines Stück den Canal Grande entlang. Doch sehr bald schon – unmittelbar nach der imposanten Kirche von San Geremia – biegt es nach links in den Canale di Cannaregio ein.

EIN BLICK IN VENEDIGS JÜDISCHE GESCHICHTE
Am Palazzo Labia vorbei führt die Route hinein in den für venezianische Verhältnisse ungewöhnlich geräumigen und lichten Bezirk Cannaregio. *Schon an der ersten Station (Ponte delle Guglie) lohnt es sich, einen Abstecher* in das ehemalige und weltweit älteste jüdische

❷ Ghetto

❸ Ghimel Garden

❷ Ghetto ➤ S. 47 zu machen, dessen Museum ganz toll ist. Durst? Trink etwas im jüdischen Restaurant ❸ Ghimel Garden ➤ S. 75 – allein der Garten lohnt schon den Besuch.

Wieder auf dem Vaporetto, geht es unter dem dreibogigen Ponte dei Tre Archi hindurch aufs offene Wasser.

Der Blick reicht nun bis zu den Inseln Burano und Torcello und zum Flughafen. Das Schiff nimmt Fahrt auf und steuert nach Osten. *Bleib bis zur Station Fondamente Nove an Bord,* dann vertrittst du dir kurz die Beine an Land. Wie wärs mit einem Blick auf die Jesuitenkirche ❹ Santa Maria Assunta dei Gesuiti ➤ S.48? Hardcore-Barock – beeindruckend! Dagegen ist das ❺ Wohnhaus Tizians nicht ganz so prächtig.

❹ Santa Maria Assunta dei Gesuiti

❺ Wohnhaus Tizians

EINE GANZE INSEL FÜR EINEN FRIEDHOF

Nun geht es mit dem Schiff hinüber nach ❻ San Michele ➤ S.61. Ein bisschen gruselig, aber sehr stimmungsvoll ist diese Friedhofsinsel mit den Gräbern u. a. von Luigi Nono und Igor Strawinsky. *Nördlichster Punkt der Rundfahrt* ist die für ihre traditionsreiche Glasindustrie berühmte Insel ❼ Murano ➤ S.61. Kunstfans müssen einen Blick in ihre Kirchen San Pietro Martire und Santi Maria e Donato werfen, Souvenirjäger lassen sich den Besuch in einer Glasbläserei nicht entgehen.

❻ San Michele

❼ Murano

Wieder an den Fondamente Nove, folgt das Vaporetto nun dem Nordufer des Bezirks Castello. Es fährt vorbei

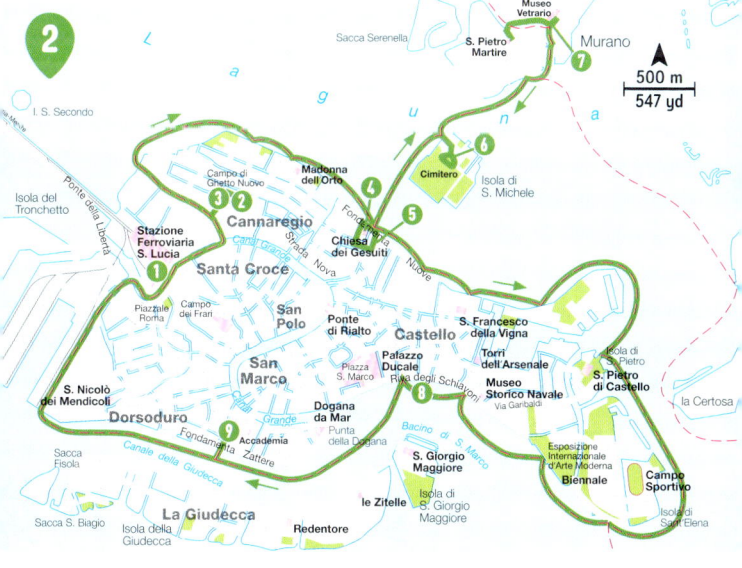

an der Franziskanerkirche San Francesco della Vigna und umschifft die Halbinseln San Pietro di Castello und Isola di Sant'Elena. Im Bassin von San Marco steuert es vorbei am Ausstellungsgelände der Biennale Richtung Westen. Entlang der **❽ Riva degli Schiavoni**, des bei Spaziergängern so beliebten, weil überaus breiten Kais, stehen einige der berühmtesten Hotels der Stadt.

❽ Riva degli Schiavoni

EIS SCHLECKEN UND SCHIFFE SCHAUEN

Geh *am Anleger San Zaccaria* noch mal an Land und bummel mit einem supercremigen Eis von der **❾ Gelateria Nico** *(Fondamenta Zattere al Ponte Longo 922 | gelaterianico.com)* in der Hand – Spezialität ist *gianduiotto,* Nougateis mit Sahne – über diese Flaniermeile par excellence. Hier lässt sich auch schön beobachten, was auf dem Wasser so los ist: Frachtkähne, Yachten, Fischerboote und zwischendrin hüpfen die Gondeln wie schwarze Punkte auf den Wellen. *Wieder auf dem Schiff,* zieht zum Abschluss die Insel Giudecca an dir vorbei, ehe es *am Fährhafen vorbei und unter dem umstrittenen Ponte della Costituzione* ➤ S. 31 *hindurch zurück zum* **❶ Bahnhof Santa Lucia** *geht.*

❾ Gelateria Nico

❶ Bahnhof Santa Lucia 🏁

❸ AUF PALLADIOS SPUREN

➤ **Klöster, Türme und Kirchen**
➤ **Die atemraubende Architektur der Renaissance**
➤ **Zum Abschluss ein Drink in der Rooftop-Bar**

📍	Anleger San Marco-San Zaccaria	🏁	Skyline Rooftop Bar
→	Fußweg ca. 3 km	🚢	3–4 Stunden, reine Gehzeit ca. 45 Minuten

❶ Anleger San Marco-San Zaccaria

Mit der Bootslinie 2 setzt du vom **❶ Anleger San Marco-San Zaccaria** *in wenigen Minuten nach San Giorgio Maggiore über* und kriegst dabei schon eine der meistfotografierten Ansichten der Lagunenstadt geboten:

die Klosteranlage von ❷ San Giorgio Maggiore, die Andrea Palladio – damals *der* Stararchitekt schlechthin – Ende des 16. Jhs. im Auftrag der Benediktiner auf dem gegenüber dem Dogenpalast gelegenen Eiland errichtet hat.

❷ San Giorgio Maggiore

EIN HÖHEPUNKT IM DOPPELTEN SINN: DER BLICK VOM CAMPANILE

An der Kirche angekommen, schau dir erst einmal die in ihrer geometrischen Strenge an einen antiken Tempel erinnernde, strahlend weiße Marmorfassade an. Im nicht minder eindrucksvollen dreischiffigen Kircheninneren warten riesige Tintoretto-Gemälde auf dich. Das Panorama von der Aussichtsplattform des Campanile di San Giorgio Maggiore *(tgl. 9.30–12.30 und 14.30–18, Winter bis 16.30 Uhr)* ist übrigens mindestens so atemraubend wie das vom Campanile von San Marco gegenüber, aber es drängeln sich hier weniger Leute.

EIN VERSTECKTES GARTENPARADIES

Von San Giorgio Maggiore setzt du auf die lang gestreckte Insel Giudecca über – einfach mit derselben Linie eine Station weiterfahren. Die Haltestelle Zitelle heißt so, weil Andrea Palladio hier einen Konvent für unverheiratete Mädchen *(zitelle)* gebaut hat. Die dazugehörige Kirche: ❸ Santa Maria della Presentazione.

❸ Santa Maria della Presentazione

Andrea Palladios Meisterstück: San Giorgio Maggiore auf der gleichnamigen Klosterinsel

Geh um die Kirche herum und du entdeckst vier wunderbare Gärten. Sie sind von Francesca Bortolotto Possati wiederbelebt worden, der Besitzerin des Palladio Hotel & Spa, das heute in den Gemäuern des Konvents residiert.

INSIDER-TIPP
Erst beten, dann jäten

Spazier dann am Ufer entlang bis zu Palladios Meisterwerk in Venedig, der Kirche ❹ **Il Redentore** *(Mo 10.30–16, Di–Sa 10.30–16.30 Uhr)* mit klassizistischer Kuppel und strahlend heller Marmorfassade. Sie wurde im späten 16. Jh. gebaut, um Gott um das Ende der Pest zu bitten, die damals schlimm wütete. Jedes Jahr am dritten Sonntag im Juli ist sie das Zentrum des Redentore-Fests, das an das Ende der Pestepidemie erinnert.

❹ Il Redentore

BESUCH BEIM MODEZAR DER 1920ER
Entlang des Ufers geht es dann weiter bis zur Trattoria ❺ **La Palanca** *(Mo–Sa 12–14.30, Bar 7–20.30 Uhr | Tel. 04 15 28 77 19 | €)* wo Du mit Besitzer Andrea plauschen kannst und leckere Pasta- oder Fischgerichte bekommst; den Traumblick auf die Zattere von den Ti-

❺ La Palanca

schen am Wasser gibts gratis dazu. Noch Lust auf einen kleinen Abstecher ins Inselinnere? *Geh durch die Calle del Forno, dann links über den Campo Junghans und am Rio del Ponte Lungo entlang wieder hinaus zum offenen Wasser. Etwa 700 m weiter im Westen* lockt der **❻ Showroom** *(Mo–Fr 10–13 und 14–18 Uhr | Fondamenta San Biagio 805)* von Mariano Fortuny, dem spanischen Designer. Seine Kreationen aus edlen Stoffen sind geniale Meisterwerke.

❻ Showroom

Zum Abschluss empfiehlt sich, *gleich nebenan jenseits des kleinen Kanals*, die Fahrt hinauf ins Dachgeschoss des Hilton-Hotels Molino Stucky. In der dortigen **❼ Skyline Rooftop Bar** *(tgl. 12–1, Nov.–März 16–1 Uhr)* gibts gute Drinks und einen Traumblick auf Stadt und Lagune.

❼ Skyline Rooftop Bar

❹ AUF DIE UNBEKANNTEN LAGUNENINSELN

➤ **Nach ein paar Tagen Stadt ist jeder reif für die Inseln**
➤ **Schlendern, schmausen, schauen**
➤ **Natur und Ruhe auf Le Vignole, Sant'Erasmo und Lazzaretto Nuovo**

📍	**Anleger** Fondamente Nove	🏁	Lazzaretto Nuovo
➡	ca. 10 km	⛴	**1/2 Tag, reine Fahrzeit** ca. 1 Stunde, reine Gehzeit ca. 2 Stunden
ℹ	**Rundgänge auf ❻ Lazzaretto Nuovo** nur Sa/So von April bis Oktober		

Beginn die Tour am besten mit Venedigs „Gemüseinsel": Vom **❶ Anleger Fondamente Nove** erreichst du **❷ Le Vignole** in gut 15-minütiger Bootsfahrt. *Spazier von der Schiffsstation auf dem Hauptpfad bis zum Brückchen, quer dort den Hauptkanal und folg rechter Hand dem Weg durch die Gemüsefelder bis zur* **❸ Trattoria alle Vignole** *(Mo und Okt.–März geschl. | Tel.*

❶ Anleger Fondamente Nove

❷ Le Vignole

❸ Trattoria alle Vignole

04 15 28 97 07 | €). Wetten, dass dir die Fisch- und Fleischspezialitäten vom Grill an den einfachen Holztischen unter freiem Himmel mit Blick auf Venedigs Silhouette ganz besonders gut schmecken? Die im 16. Jh. vom berühmten Baumeister Michele Sanmicheli an der Südspitze der Insel errichtete Seefestung Sant'Andrea, deren Kanonen einst Feinden der Serenissima die Zufahrt vom Meer verwehrten, ist nur vom Wasser her im Privatboot mit spezieller Genehmigung erreichbar.

MODERNE KUNST FÜR LAU AUF SANT'ERASMO

Tiefen Frieden strahlt die etwas weiter nordöstlich gelegene Insel ❹ **Sant'Erasmo** ➤ S. 61 aus – der zweite, jedoch weit größere Vorgarten Venedigs. *Du legst – mit der Linie 13 von Le Vignole kommend – beim Anleger Capannone an. Rund 15 Minuten Richtung Süden gestapft,* und du stehst vor der ❺ **Torre Massimiliana** *(bei Redaktionsschluss geschl., Wiedereröffnung voraussichtlich Mitte 2020),* einem wehrhaften Ziegelturm, in dem interessante Ausstellungen zeitgenössischer Kunst gezeigt werden – eintrittsfrei!

Gegenüber der erwähnten Stazione Capannone liegt das Inselchen ❻ **Lazzaretto Nuovo**, das von den Venezianern und ihren Besatzern dank seiner strategisch günstigen Lage früher als Militärstützpunkt missbraucht wurde und vom 15. bis zum 18. Jh. der Serenissima zum Schutz vor Seuchen als Quarantänestation für Men-

❹ Sant'Erasmo

❺ Torre Massimiliana

❻ Lazzaretto Nuovo

Ein Flickenteppich im Meer: die ländlichen Inseln in der nördlichen Lagune

schen und Waren diente. Seit einigen Jahren kümmern sich Archäologen und Ökologen verstärkt um das lange Zeit verwahrloste und in Vergessenheit geratene Eiland.

MULTIMEDIALER TRIP IN DIE VERGANGENHEIT

Im Rahmen der Aktion „Wiedergeburt einer Insel" veranstaltet der Verein Ekos Club von April bis Oktober an Wochenenden interessante naturkundliche und historische Rundgänge *(April–Okt. Sa/So 9.45 und 16.30 Uhr | Tel. 04 12 44 40 11 | lazzarettonuovo.com).* Wer teilnehmen will, muss *gegen 16.15 Uhr in Sant'Erasmo das Vaporetto Richtung Lazzaretto Nuovo besteigen.* Bei den Führungen erfährst du viel über die Zeiten der Pest und bekommst die Wehrmauern sowie riesige Lagerhallen – allen voran den mit musealen Objekten bestückten sogenannten Teson Grande – und auch einen Dokumentarfilm gezeigt. Das Ganze dauert etwa zwei Stunden. Im Rahmen des etwa halbstündigen Rundgangs auf dem Naturlehrpfad entlang der Außenmauern rund um die Insel klären Schautafeln über Fauna und Flora in der Lagune auf.

GUT ZU WISSEN

DIE BASICS FÜR DEINEN STÄDTETRIP

ANKOMMEN

ANREISE

Wer mit dem Auto anreist, kommt über den Ponte della Libertà nach Venedig. Für Tagesbesucher empfehlen sich die allerdings ziemlich teuren und oft überfüllten Parkhäuser rund um den Piazzale Roma bzw. auf der Insel Tronchetto. Beide sind durch den People Mover, eine knapp 900 m lange Kabinenbahn auf Stelzen *(1,50 Euro)*, miteinander verbunden. Preiswerter sind die Festlandparkplätze von Fusina, Treporti und Punta Sabbioni. Und über den Ponte della Libertà verkehrt eine moderne Tram zwischen Mestre und Venedig.

Von Deutschland, Österreich und der Schweiz fahren täglich Schnellzüge direkt nach Venedig-Santa Lucia, von München, Wien und Salzburg gibt es darüber hinaus Nachtzüge der ÖBB *(nightjet.com)*. Die Fahrzeit von München und Zürich beträgt ungefähr sieben, von Wien gut acht Stunden. Das Angebot wird ergänzt durch zahlreiche Verbindungen mit Anschlüssen in Mailand, Verona oder Mestre.

Mit dem Fernbus kommt man mit Umsteigen in Bozen, Verona oder Padua nach Venedig. Endhaltestelle ist bei Flixbus der Bahnhof in Mestre, von wo man in zehn Minuten mit dem Lokalzug Venedig-Santa Lucia erreicht, oder Tronchetto, wo der People Mover hält.

Neben Lufthansa, Alitalia, Swiss und Austrian fliegen auch diverse Billiganbieter wie Eurowings und Easyjet Venedig an. Ryanair bedient den 20 km landeinwärts gelegenen Flughafen von Treviso *(trevisoairport.it)*. Von dort fährt ein Shuttlebus *(12 Euro, hin und zurück 22 Euro | atvo.it)* zum Piazzale Roma in Venedig. Venedigs Flughafen Marco Polo liegt in Tessera am Nord-

rand der Lagune. Von hier fährt ebenfalls ein Bus *(8 Euro, hin und zurück 15 Euro | atvo.it)* zum Piazzale Roma. Neben den sehr teuren Wassertaxis steuern die Vaporetti der Linie Alilaguna *(alilaguna.it)* vom Flughafen Marco Polo die Inseln Murano *(8 Euro)* und Lido *(15 Euro)* sowie in Venedig selbst den Markusplatz *(15 Euro)* an. Auf dem Onlineportal *venicelink.com* bekommt man Transporttickets nach und innerhalb Venedigs etwas günstiger. Hier lohnt sich vor allem das Kombiticket *Venezia Unica City Pass (venezia unica.it),* das man sich im Baukastensystem individuell zusammenstellen kann.

CITY PASS VENEZIA UNICA

Diese personalisierte Karte ist der preisgünstige Schlüssel zu allen Dienstleistungen. Sie ist für sieben Tage gültig und ermöglicht dir, ein nach deinen individuellen Bedürfnissen maßgeschneidertes Angebotspaket zu schnüren. Los gehts mit dem Basisangebot San Marco City Pass für 28,90 Euro. Drin ist der freie Eintritt in den Dogenpalast, in drei weitere Museen am Markusplatz, drei Kirchen deiner Wahl und das Museo Querini Stampalia. Verschiedene teurere Varianten schließen mehr Museen ein, die Benutzung der Vaporetti, den Flughafentransfer und das Wifinetz der Stadt. Hinzubuchen kann man auch Parktickets und geführte Touren. Erhältlich ist der Pass online *(venezia unica.it)* oder vor Ort an den Anlegern Tronchetto, Piazzale Roma, Rialto, Lido, Burano und Punta Sabbioni.

CITY TAX

Was in anderen Städten nur für Autos gilt, gilt in Venedig auch für Tagesbesucher: Es ist eine City Tax zu entrichten, der *contributo d'accesso* (Zugangsbeitrag). Er variiert zwischen 3 und

10 Euro pro Person. An Feiertagen zahlt man mehr als an Werktagen, in der Hauptsaison von April bis Oktober mehr als in der Nebensaison. Wer mit der Bahn anreist, kann diese Gebühr bereits an Bord bezahlen, ansonsten vor Ort oder online unter *veneziaunica.it*. Wer in Venedig übernachtet, ist von der Gebühr befreit.

GEPÄCKTRÄGER

Diese im 21. Jh. etwas altmodisch anmutenden Helfer sind in der Stadt der Brücken und Gässchen manchmal äußerst hilfreich. Man findet sie u. a. am Bahnhof Santa Lucia, am Piazzale Roma, an der Accademia, bei San Marco und am Hotel Danieli. Die Preise betragen innerhalb der Altstadt für ein Gepäckstück pauschal 24 Euro.

KLIMA & REISEZEIT

In Venedig herrscht ein gemäßigt mediterranes Klima. Der aus Afrika wehende, heiße Schirokko und die hohe Luftfeuchtigkeit machen den Hochsommer oft schwül, Letztere den Winter oft feuchtkalt und gelegentlich neblig. Ideale Reisemonate sind in klimatischer Hinsicht daher April/Mai und September/Oktober. Einen ganz eigenen Reiz verströmen manche Winterwochen mit ihrer glasklaren Luft. Das Wetter im Internet: *tempoitalia.it*

MOBIL SEIN

GONDELFÄHREN

Gondelfähren, sogenannte *traghetti*, die Spaziergänger für 2 Euro über den Canal Grande übersetzen, gibt es bei San Marcuola, bei Santa Sofia neben der Ca' d'Oro, an der Riva del Carbon neben der Rialtobrücke, bei San Tomà, zwischen San Samuele und Ca' Rezzonico sowie bei Santa Maria del Giglio.

ÖFFENTLICHE VERKEHRSMITTEL

Das mit Abstand praktischste Fortbewegungsmittel und zugleich dasjenige mit dem meisten Flair sind die Linienboote (Vaporetti) der städtischen Verkehrsbetriebe ACTV *(actv.it),* die allerdings auch oft entsprechend überfüllt sind. Sie befahren mit rund zwei Dutzend Linien den Canal Grande und die wichtigsten Nebenkanäle und verbinden außerdem die Altstadt mit dem Lido, den Laguneninseln und dem Festland. Eine Einzelfahrt kostet allerdings stolze 7,50 Euro. Günstiger fährt man daher meist mit Zeitkarten: Ein 24-Stunden-Ticket gibt es für 20 Euro, ein Zwei- bzw. Dreitageticket für 30 bzw. 40 Euro, ein Siebentageticket kostet 60 Euro.

Der reguläre Vaporettobetrieb startet je nach Linie morgens zwischen ca. 5 und 7 und endet abends zwischen 20 und 1 Uhr. Auf dem Canal Grande und dem Giudecca-Kanal sowie zum Lido und zu den nördlichen Laguneninseln verkehren jedoch die ganze Nacht hindurch Schiffe der *linee notturni*. Alles über Routen, Fahrpläne und Tarife der öffentlichen Verkehrsmittel erfährst du auf *actv.it*. In der ganzen Stadt sowie auf den Inseln gibt es Schalter für den Ticketkauf und Fahrkartenautomaten für Vaporetti und Busse. Eine Karte mit den genauen Standorten findest du auf *tripplanner.veneziaunica.it*.

TAXI

Die *motoscafi (Tel. 04 15 22 23 03, 18–9 Uhr und Sa/So 04 12 40 67 12 | moto scafivenezia.it)* genannten Wassertaxis sind eine teure Angelegenheit und lohnen am ehesten für kleine Gruppen (bis maximal zehn Personen). Zuschläge werden für mehr als zwei Personen, für Nachtfahrten, telefonische Bestellungen, große Gepäckstücke etc. berechnet. Die wichtigsten Standplätze befinden sich am Piazzale Roma, am Bahnhof, bei der Rialtobrücke, in San Marco, am Lido und am Flughafen.

VOR ORT

AUSKUNFT

Zentrale telefonische Auskunftsstelle ist das *Tourist Contact Center (tgl. 9–14 Uhr | Tel. 04 15 29 87 11)*. Die wichtigsten Infostellen vor Ort sind am Bahnhof *(tgl. 7–21 Uhr)*, im Zentrum beim Museum Correr *(tgl. 9–19 Uhr)*, am Piazzale Roma *(tgl. 7.30–19.30 Uhr)* und am Flughafen Marco Polo *(tgl. 8.30–19 Uhr)*. Touristische Informationen sowie Reservierung und Kauf von Tickets für vielerlei Veranstaltungen außerdem unter *veneziaunica.it* oder auf Englisch oder Italienisch unter *Tel. 0 41 24 24 (tgl. 7.30–19 Uhr)*. *turismovenezia.it* ist die offizielle Website des Tourismusverbands, *comune.venezia.it* die digitale Visitenkarte der Stadtverwaltung mit vielen nützlichen Links. Die städtischen Museen präsentieren sich gemeinsam und umfassend auf *visitmuve.it*. Über Kunst-, Sport- und andere Events informieren – auf Italienisch und Englisch – auch *un ospitedivenezia.it* und *meetingvenice.it*. Informationen aller Art außerdem auf *introducingvenice.com, venicewelcome.com* und *veneziatoday.it*, wo man sich (auf Italienisch) anhand eines Kalenders über die Veranstaltungen informieren kann.

Höchst hilfreich im Gassengewirr: die gelben Schilder, die die Orientierung wiederherstellen

Trinkgeld? Ein „Stimmt so!" ist hier unbekannt – lass einfach ein paar Münzen liegen

Beschwerden über mangelhafte Serviceleistungen von Behörden oder unangebrachtes Verhalten gegenüber Touristen kann man per E-Mail an die Adresse *complaint.apt@turismovenezia.it* richten. Zu den Bürozeiten des Tourismusverbands APT bietet die Servicenummer *Tel. 04 15 29 87 26* Hilfe.

FEIERTAGE

1. Jan.	*Capodanno* (Neujahr)
6. Jan.	*Epifania* (Hl. Drei Könige)
März/April	*Pasquetta* (Ostermontag)
25. April	*Liberazione* (Befreiung vom Faschismus)
1. Mai	*Festa del Lavoro* (Tag der Arbeit)
2. Juni	*Giorno della Repubblica* (Tag der Republik)
15. Aug.	*Ferragosto* (Mariä Himmelfahrt)
1. Nov.	*Ognissanti* (Allerheiligen)
8. Dez.	*Immacolata Concezione* (Mariä Empfängnis)
25. Dez.	*Natale* (Weihnachten)
26. Dez.	*Santo Stefano* (Zweiter Weihnachtstag)

GEFÜHRTE TOUREN

Behördlich autorisierte, deutschsprachige Stadtführer kannst du buchen über die *Cooperativa Guide Turistiche (Tel. 04 15 20 90 38 | guidevenezia.it).* Individualführungen gibt es ab ca. 100 Euro (inklusive Eintritt in Dogenpalast und Markusdom).

GELD & KREDITKARTEN

Geldautomaten sind überall zahlreich vorhanden und die gängigen Kreditkarten werden fast überall akzeptiert. Kleinere Beträge werden in Venedig meist bar bezahlt.

GONDELFAHRTEN

Eine romantische 🚩 Gondeltour zählt für viele immer noch zu den Highlights eines Venedigbesuchs. Eine halbstündige Gondelfahrt kostet für Gruppen von vier bis sechs Personen je nach Tageszeit 80–160 Euro. Einzelpersonen können sich einen Platz in einer Gondel mit anderen sichern, indem sie online buchen, z.B. auf *local venicetours.com (ab 28,80 Euro/Person).* Die Gondolieri haben ihre Standplätze vor der Piazzetta San Marco, vorm Hotel Danieli, hinter dem Markusplatz am Bacino Orseolo sowie entlang dem Canal Grande am Piazzale Roma, am Bahnhof beim Campo Santa Sofia, bei der Rialtobrücke und nahe den Vaporettostationen von San Tomà, Giglio und Vallaresso. Bitte deinen Gondoliere, möglichst schnell in die kleinen Seitenkanäle einzubiegen, wo die Motorschiffe nicht hinkommen, so gleitest du wie in früheren Zeiten lautlos

INSIDER-TIPP
Lautlos durch die Seitenkanäle

übers Wasser (es sei denn, dein Gondoliere gibt ein Lied zum Besten).

HOCHWASSER

Im Winterhalbjahr gehört *acqua alta* für die Venezianer beinahe zum Alltag. Droht eine Flut, wird sie durch Sirenen angekündigt. Der Spuk ist normalerweise nach wenigen Stunden vorbei. In einigen Vaporettostationen hängen Pläne, auf denen die Holzstege eingezeichnet sind, über die man selbst bei Hochwasser trockenen Fußes sein Ziel erreicht. Im Internet findest du Vorhersagen der Wasserstände auf *ilmeteo.it/portale/marea-venezia*.

INTERNETZUGANG & WLAN

Ein WLAN-Service ermöglicht es, sich rund um den Markusplatz gratis ins *wifi*-Netz einzuloggen. Einzige Voraussetzung: der Onlinekauf eines Museumstickets oder -passes über die Website *veneziaunica.it.* Die allermeisten Hotels bieten entweder eigene Computer, über die man sich einloggen kann, oder WLAN-Zugang via Passwort für Smartphone, Tablet oder Laptop.

POST

Briefmarken *(francobolli)* gibts bei der Post und in Tabakläden. Das Porto in EU-Staaten und die Schweiz für Postkarte und Brief betrug bei Redaktionsschluss 1,15 Euro. Achtung: Es gibt mehrere private Konkurrenzunternehmen, die eigene Briefmarken haben. Nachteil: Man muss die Post in Briefkästen dieser Unternehmen werfen und davon gibt es viel weniger. Frag

INSIDER-TIPP
Aufgepasst bei der Urlaubskarte!

also explizit nach Briefmarken von der Post!

TELEFON & HANDY

Aus Venedig wählt man nach Deutschland 0049, nach Österreich 0043, in die Schweiz 0041. Die Vorwahl für Italien lautet 0039, dann direkt die komplette Nummer des Teilnehmers einschließlich der ersten Null. Innerhalb Italiens gibt es keine Vorwahlen.

TRINKGELD

Die Bedienung ist normalerweise inbegriffen, aber natürlich sehen Kellner, Zimmermädchen, Gondolieri etc. es gern, wenn man freundlichen Service honoriert. In Restaurants sind fünf bis zehn Prozent üblich, wobei man sich zunächst das Wechselgeld vollständig herausgeben und dann Münzen oder Scheine auf dem Tisch liegen lässt.

UNTERKUNFT

Hotels gibt es in Venedig genug – in allen Stadtteilen, in allen Preiskatego-

GRÜN & FAIR REISEN

Du willst beim Reisen deine CO_2-Bilanz im Hinterkopf behalten? Dann kannst du deine Emissionen kompensieren *(atmosfair.de; myclimate.org)*, deine Route umweltgerecht planen *(routerank.com)* oder auf Natur und Kultur *(gate-tourismus.de)* achten. Mehr über ökologischen Tourismus erfährst du hier: *oete.de* (europaweit); *germanwatch.org* (weltweit).

die Preise. In jedem Fall kommt pro Gast und Nacht noch eine sogenannte Aufenthaltssteuer hinzu, die *imposta di soggiorno:* je nach Hotelkategorie 1 bis 5 Euro, in der Nebensaison – aber das ist nur der Januar (!) – weniger.

Grundsätzlich bucht man besser im Voraus. Neben den bekannten Hotelportalen bieten die Websites *venedig. com* und *venicehotel.com* eine gute Auswahl an Unterkünften. Auf jeden Fall lohnt es, sowohl die hoteleigenen Internetseiten als auch die großen internationalen Hotelwebsites auf aktuelle Sonderangebote zu prüfen. Und frag am Telefon bzw. vor Ort stets nach einem *sconto,* insbesondere dann, wenn du mehrere Nächte bleiben willst. Lohnen kann sich vor allem für Familien und Gruppen eine Ferienwohnung: Die gibts nicht nur für eine ganze Woche, sondern auch tageweise zu buchen und man hat auch eine Kochgelegenheit.

VERANSTALTUNGSKALENDER
Über Veranstaltungen, Öffnungszeiten usw. informieren am besten die Tageszeitungen *Il Gazzettino* und *La Nuova Venezia* sowie die zweisprachigen (Italienisch/Englisch) Broschüren *Venezia News, Un Ospite di Venezia, Venezia da Vivere* und *Meeting Venice.* Letztere sind kostenlos bei allen Auskunftsstellen, bei vielen Hotelrezeptionen, bei Reisebüros etc. erhältlich.

ZOLL
Innerhalb der EU dürfen alle Waren für den privaten Verbrauch frei ein- und ausgeführt werden. Richtwerte hierfür sind u. a. 10 l Spirituosen und

rien. Trotzdem besser nicht einfach an die erstbeste Rezeption latschen, sondern vorher die Tarife vergleichen. Das Preis-Leistungs-Verhältnis ist oft grottenschlecht – und extrem saisonabhängig.

Ein nettes Doppelzimmer in zentraler Lage kostet in der Hochsaison – also von Ostern bis Ende Oktober, an Weihnachten/Silvester und zum Karneval – locker über 200 Euro. Wer billig übernachten will, schließt am besten die Augen, wenn er sein Zimmer betritt, oder kommt im Winter. Dann sind viel weniger Touristen in der Stadt und die Hoteliers bieten Zimmer 30 bis 50 Prozent günstiger an. Weitere Faustregel, um zu sparen: je weiter weg vom Markusplatz, desto vernünftiger

800 Zigaretten. Für die Schweiz gelten wesentlich geringere Freimengen, u.a. 5 l Wein, 1 l Spirituosen, 5 l Speiseöl, 1 kg Fleisch und Wurstwaren.

NOTFÄLLE

DIPLOMATISCHE VERTRETUNGEN

Deutsches Konsulat: Fondamenta Condulmer 251 | Tel. 04 15 23 76 75
Österreichisches Konsulat: Fondamenta Condulmer 251 | Tel. 04 15 24 05 56
Schweizer Konsulat: Campo Sant'Agnese 810 | Tel. 04 15 22 59 96

GESUNDHEIT

In Italien gilt die European Health Insurance Card (EHIC), die EU-Versichertenkarte der deutschen bzw. österreichischen Krankenkassen. Ihre Inhaber brauchen weder in Krankenhäusern noch bei Kassenärzten zu bezahlen. Für Privatbehandlungen empfiehlt sich der Abschluss einer Reisekrankenversicherung. In akuten Fällen erreicht man das städtische Krankenhaus Santi Giovanni e Paolo unter *Tel. 04 15 29 41 11*, das Gesundheitszentrum am Lido unter *Tel. 04 12 38 56 68*. Für Notaufnahmen ist die Abteilung *pronto soccorso* zuständig. Aushänge bzw.die Telefonauskunft *Tel. 192* informieren über außerhalb der Öffnungszeiten diensthabende Apotheken.

NOTRUFE

Allgemeiner Notruf *Tel. 112;* Polizei *Tel. 113;* Feuerwehr *Tel. 115;* Erste Hilfe *Tel. 118*

WETTER IN VENEDIG

Hauptsaison
Nebensaison

	JAN.	FEB.	MÄRZ	APRIL	MAI	JUNI	JULI	AUG.	SEPT.	OKT.	NOV.	DEZ.
Tagestemperaturen	6°	8°	12°	17°	21°	25°	28°	28°	24°	18°	12°	7°
Nachttemperaturen	1°	2°	5°	10°	14°	17°	20°	19°	17°	12°	7°	3°
Sonnenschein Stunden/Tag	3	4	4	6	7	9	10	9	7	5	3	2
Niederschlag Tage/Monat	6	6	7	8	9	7	6	5	6	8	9	7
Wassertemperatur in °C	9	8	10	13	17	21	23	24	21	18	14	11

Sonnenschein Stunden/Tag   Niederschlag Tage/Monat   Wassertemperatur in °C

SPICKZETTEL
ITALIENISCH

Ein Akzent steht im Italienischen nur, wenn die letzte Silbe betont wird. Ansonsten haben wir die Betonung durch einen Punkt unter dem betonten Vokal angegeben.

ja/nein/vielleicht	sì/no/forse
bitte/danke	per favore/grazie
Entschuldige!/Entschuldigen Sie!	Scusa!/Scusi!
Wie bitte?	Come dice?/Prego?
Gute(n) Morgen!/Tag!/Abend!/Nacht!	Buon giorno!/Buon giorno!/Buona sera!/Buona notte!
Hallo!/Tschüss!/Auf Wiedersehen!	Ciao!/Ciao!/Arrivederci!
Ich heiße …	Mi chiamo …
Wie heißen Sie?/Wie heißt du?	Come si chiama?/Come ti chiami?
Ich möchte …/Haben Sie …?	Vorrei …/Avete …?
Das gefällt mir (nicht).	(Non) mi piace.
gut/schlecht	buono/cattivo

ZEIGEBILDER

ESSEN & TRINKEN

Die Speisekarte, bitte.	Il menù, per favore.
Flasche/Karaffe/Glas	bottiglia/caraffa/bicchiere
Messer/Gabel/Löffel	coltello/forchetta/cucchiaio
Salz/Pfeffer/Zucker	sale/pepe/zucchero
Essig/Öl/Milch/Sahne/Zitrone	aceto/olio/latte/panna/limone
mit/ohne Eis/Kohlensäure	con/senza ghiaccio/gas
kalt/versalzen/nicht gar	freddo/troppo salato/non cotto
Vegetarier(in)/Allergie	vegetariano/vegetariana/allergia
Ich möchte zahlen, bitte.	Vorrei pagare, per favore.
Rechnung/Quittung/Trinkgeld	conto/ricevuta/mancia
bar/Kreditkarte	in contanti/carta di credito

NÜTZLICHES

Wo finde ich …?	Dove posso trovare …?
links/rechts/geradeaus	sinistra/destra/dritto
Wie viel Uhr ist es?	Che ora è? Che ore sono?
Es ist drei Uhr./Es ist halb vier.	Sono le tre./Sono le tre e mezza.
heute/morgen/gestern	oggi/domani/ieri
Wie viel kostet …?	Quanto costa …?
zu viel/viel/wenig/alles/nichts	troppo/molto/poco/tutto/niente
teuer/billig/Preis	caro/economico/prezzo
Wo finde ich einen Internetzugang/ WLAN?	Dove trovo un accesso internet/ wi-fi?
offen/geschlossen	aperto/chiuso
kaputt/funktioniert nicht	guasto/non funziona
Panne/Werkstatt	guasto/officina
Fahrplan/Fahrschein	orario/biglietto
Zug/Gleis/Bahnsteig	treno/binario/banchina
Hilfe!/Achtung!/Vorsicht!	Aiuto!/Attenzione!/Prudenza!
Verbot/verboten/Gefahr/gefährlich	divieto/vietato/pericolo/ pericoloso
Apotheke	farmacia
Fieber/Schmerzen	febbre/dolori
0/1/2/3/4/5/6/7/8/9/10/ 100/1000	zero/uno/due/tre/quattro/cinque / sei/sette/otto/nove/dieci/cento/ mille

VENEDIG FEELING
ZUM EINSTIMMEN & AUSKLINGEN

LESESTOFF & FILMFUTTER

📖 TOD IN VENEDIG
Der absolute Klassiker macht heute noch Gänsehaut: Thomas Manns Novelle aus dem Jahr 1911 erzählt von der Liebe eines alten Mannes zu einem schönen Jüngling und vom morbiden Charme Venedigs. Melancholie pur!

📖 COMMISSARIO BRUNETTI
Auch schon fast Klassiker: Die Venedigkrimis der US-Amerikanerin und Wahlvenezianerin Donna Leon haben längst Kultstatus und eine Fangemeinde, die alle beschriebenen Orte abläuft.

🎥 WENN DIE GONDELN TRAUER TRAGEN
Besser als in Nicholas Roegs Film kann man Venedigs düstere, unheimliche Seite nicht auf die Leinwand bringen. Die Dreharbeiten fanden 1973 u. a. in der uralten Kirche San Nicolò dei Mendicoli statt.

🎥 BROT UND TULPEN
Ja, es gibt auch ein heiteres Venedig! Silvio Soldinis Komödie aus dem Jahr 2000 mit Bruno Ganz handelt von einer Hausfrau, deren Leben durch einen ungeplanten Venedigaufenthalt eine romantische Wende nimmt.

PLAYLIST QUERBEET

0:58

⏸ **MAX HANSEN** – KOMM MIT NACH VENEDIG
Ein Schätzchen aus der Mottenkiste: Schlager von 1927 mit ironischem Text über Anfang und Ende einer Liebe in Venedig

▶ **RONDÒ VENEZIANO** – LA SERENISSIMA
Darf auf keinem Maskenball fehlen! Große Orchestermusik, modern, aber im Stil des venezianischen Barock

▶ **VIRTUOSI DI VENEZIA** – LE QUATTRO STAGIONI
Vivaldis Klassiker, eingespielt von dem in Venedig beheimateten Orchester für Kammermusik

▶ **ANDREA BOCELLI** – CON TE PARTIRÒ
Die Sehnsucht, das Meer, das Pathos

▶ **PITURA FRESKA** – PAPA NERO
Fröhlicher Reggae einer Kultband aus Venedig, die meist im venezianischen Dialekt singt

Den Soundtrack zum Urlaub gibt's auf Spotify unter MARCO POLO Italy

Oder Code mit Spotify-App scannen

AB INS NETZ

PETRARESKI.COM
Die deutsche Journalistin und Schriftstellerin Petra Reski bloggt aus ihrer Wahlheimat Venedig rund um Politik, Kultur und was die Italiener gerade so beschäftigt.

SHORT.TRAVEL/VEN3
Das offizielle Video vom Engelsflug, der den Karneval eröffnet. Ganz nah am Geschehen und super Bildqualität.

VENICEWIKI.ORG
Selbst wer kein Italienisch spricht, kann in diesem Wiki so manchen wertvollen und nützlichen Schatz heben, von venezianischen Gesängen bis zu einem Dialektwörterbuch.

SHORT.TRAVEL/VEN4
Ein Hobbyfilmer zeigt, wie grotesk die riesigen Kreuzfahrtschiffe in der Lagune wirken.

SHORT.TRAVEL/VEN23
13 Momentaufnahmen auf den und um die Kanäle der Lagunenstadt; der leichte Zeitlupeneffekt und der Gefangenenchor aus Verdis Oper Nabucco machen die Bilder besonders poetisch.

TRAVEL PURSUIT

DAS MARCO POLO URLAUBSQUIZ

Weißt du, wie Venedig tickt? Teste hier dein Wissen über die kleinen Geheimnisse und Eigenheiten von Stadt und Leuten. Die Lösungen findest du in der Fußzeile. Und ganz ausführlich auf den S. 20–25.

❶ Wie viel kostet eine neu gezimmerte Gondel?
a) 10 000 Euro
b) 15 000 Euro
c) 20 000 Euro

❷ Napoleon hatte den Karneval verboten. Seit wann wird er wieder gefeiert?
a) Seit 1843
b) Seit 1899
c) Seit 1979

❸ Welcher Weltreisende wurde in Venedig geboren?
a) Marco Polo
b) Amerigo Vespucci
c) Francisco Pizarro

❹ Welches Zubehör hat Venedigs Wappentier, der Markuslöwe, stets bei sich?
a) Ein Buch
b) Ein Schwert
c) Eine Krone

❺ Was machte der Rat der Zehn?
a) Er eröffnete die Karnevalssaison
b) Er kontrollierte die Dogen
c) Er entschied über Bauanträge an Grundstücken entlang des Canal Grande

❻ Worin ähnelt der venezianische Dialekt dem Spanischen?
a) Viele stimmhafte Konsonanten
b) Viele Wörter enden auf „s"
c) Das j wird wie „ch" ausgesprochen

Schlafen Sie gut und sparen Sie schön.

Jetzt mit dem ÖBB Nightjet
über Nacht die schönsten
Metropolen Europas entdecken.

© iStock/Marco Bottigelli

München– Venedig

ab 29,90*

SPARSCHIENE
Nightjet

Infos & Buchung auf **nightjet.com**

REGISTER

LOB ODER KRITIK? WIR FREUEN UNS AUF DEINE NACHRICHT!

Trotz gründlicher Recherche schleichen sich manchmal Fehler ein. Wir hoffen, du hast Verständnis, dass der Verlag dafür keine Haftung übernehmen kann.

MARCO POLO Redaktion • MAIRDUMONT • Postfach 31 51 73751 Ostfildern • info@marcopolo.de

Impressum

Titelbild: Canal Grande (Schapowalow: M. Rellini)

Fotos: DuMont Bildarchiv: S. Lubenow (86/87, 123); Getty Images: S. Blanco (116), M. Bottigelli (96/97), M. A. Paulda (12/13), M. Secchi (70), K. Hausen (135); huber-images: G. Baviera (11, 47, 95), W. Bertsch (50/51), M. Carassale (67, 84), F. Cogoli (22), L. Da Ros (35, 55), O. Fantuz (102/103), G. Gräfenhain (46, 104/105), S. Kremer (17, 40, 42, 81, 83, 100/101), F. Lukasseck (4, 6/7, 132), A. Piai (74, 91), M. Rellini (26/27, 36), G. Simeone (2/3); Laif: P. Adenis (52), N. Hilger (48), C. Kerber (109), H. Kloever (76/77); Laif/hemis.fr: A. Chicurel (32); Laif/Le Figaro Magazine: Martin (9, 73); Laif/Palladium: Burg + Schuh (31); Laif/robertharding: N. Clark (120/121); Look: K. Jäger (8, 112), K. Johaentges (14/15, 119), S. Lubenow (59); mauritius images: J. Warburton-Lee (62/63); mauritius images/age fotostock (124); mauritius images/Alamy: M. Scholz (92), Travelscapes (Klappe vorne außen, Klappe vorne innen)/1); mauritius images/Cultura: A. Weinbrecht (10); mauritius images/Westend61 (130/131); picture-alliance/NurPhoto: G. Cosua (25); Schapowalow/SIME: M. Carassale (21), L. Da Ros (38/39); vario image/MITO images: R. Niedring (98/99); vario images/Juice Images: I. Lishman (56)

19. Auflage 2020, komplett überarbeitet und neu gestaltet
© MAIRDUMONT GmbH & Co. KG, Ostfildern
Autoren: Kirstin Hausen, Walter M. Weiss; Redaktion: Nikolai Michaelis; Bildredaktion: Anja Schlatterer
Kartografie: © MAIRDUMONT, Ostfildern (S. 106–107, 110, 113, 115, 118, Umschlag innen, Umschlag außen, Faltkarte); © MAIRDUMONT, Ostfildern, unter Verwendung von Kartendaten von OpenStreetMap, Lizenz CC-BY-SA 2.0 (S. 28–29, 37, 45, 49, 53, 57, 60, 64–65, 78–79, 88–89)
Gestaltung Cover, Umschlag und Faltkartencover: bilekjaeger_Kreativagentur mit Zukunftswerkstatt, Stuttgart; Gestaltung Innenlayout: Langenstein Communication GmbH, Ludwigsburg; Spickzettel: in Zusammenarbeit mit PONS GmbH, Stuttgart; Konzept Coverlines: Jutta Metzler, bessere-texte.de

Printed in China

MIX
Paper from responsible sources
FSC® C124385

MARCO POLO AUTORIN
KIRSTIN HAUSEN

Wie kontrastreich Venedig ist, sah Kirstin Hausen schon bei ihrer ersten Pressekonferenz auf dem Canal Grande. Das Vaporetto schwankte im Wind, als Skandalfotograf Oliviero Toscani seine Werbefotos vorstellte: tote Ratten und Müll im Kanal. Das war 1999, seitdem beobachtet die Journalistin Venedigs Kampf gegen den Untergang. Und genießt in der Zwischenzeit die schönen Seiten.

ATVO: EXPRESS VENEDIG FLUGHAFEN TRANSFERS
schnell, einfach, komfortabel.

Direkte, häufige Busverbindungen **von *Venedig Marco Polo* und von *Treviso Canova* Flughäfen nach Venedig oder Mestre und zurück**: unsere komfortable, klimatisierte Busse sind unmittelbar außerhalb des Flughafengebäudes zur Verfügung, mit Wlan an board und großem Kofferraum.

MARCO POLO VENEDIG FLUGHAFEN (VCE)
Alle 20 Minuten von/zu Marco Polo. Dauer der Reise: nur 20 Minuten!

ANTONIO CANOVA TREVISO FLUGHAFEN (TSF)
In Anschluß an den Flügen. Nur mit ATVO kommen Sie von Treviso Flughafen direkt in Venedig P.le Roma an! Dauer der Reise: 70 Minuten.

Interessante Ermäßigungen und Bedingungen für Gruppen. Buchen Sie online, um Zeit und Geld zu sparen!

Info und Online-Tickets:

www.atvo.it   **www.daaab.it**